ZHEJIANG NONGYE NONGCUN
GUIHUA SHEJI ZHAIYAO HUIBIAN

浙江农业农村规划设计摘要汇编

(2016—2018年)

赖齐贤　刘雷　主编

中国农业出版社
北　京

序

项目未动　规划先行

时值中华人民共和国成立七十周年，全国上下正深入学习十九大和 2019 年中央 1 号文件精神，围绕实施乡村振兴战略，落实农业农村优先发展总方针。在此形势下，浙江省农业科学院编撰出版了《浙江农业农村规划设计摘要汇编（2016—2018 年）》。这既是浙江省农业科学院农业农村规划设计方案的集中展示，也是向祖国七十周年生日的献礼。

浙江省农业科学院是浙江省人民政府直属的综合性公益农业科研机构，主要承担着浙江省农业应用基础研究、高新技术应用及开发研究、农业农村规划研究和科技兴农服务。在 2016 年“十三五”的开局之年，开始筹建省农业农村规划研究院，与省农业科学院农业自然资源和农业区划研究所（农村发展研究所）合署办公，专门从事农业农村发展规划研究。近年来，该研究院（所）建立专门调研及规划团队，分头深入基层一线，通过召开座谈会、实地调查研究、查阅相关资料等方式深入开展调研，撰写设计了一批高水平、高质量的项目规划设计方案。

文可载道，以用为贵。期望《浙江农业农村规划设计摘要汇编（2016—2018 年）》的出版发行对各地正在开展的农业农村优先发展相关规划的调研、设计和实施起到助推和可供借鉴的作用。

浙江省农业科学院 书记　汤　勇

2019 年 9 月

前言

浙江省农业科学院十分重视农业农村规划的引领作用，成立专门机构从事农业农村发展规划设计工作。农业农村规划机构认真履行职责，积极开展农业农村发展战略性、前瞻性研究，决策咨询能力和规划指导水平不断提高。在“十三五”开局之年至2018年的三年（2016—2018年）时间里，自身队伍从小到大，同时借浙江省农业科学院综合性农业科研背景和高水平规划设计平台，紧紧围绕省委、省政府重大决策部署和“三农”现实需要，重点开展了农业园区建设、农业产业布局、“三产”融合发展、农村发展等规划设计研究。

为集中展示2016—2018年浙江省农业科学院农业农村规划设计成果，促进研究交流，推动创新发展，决定将三年的规划设计研究成果文本精选摘要出版，旨在汇聚规划设计研究人员和编撰人员的智慧结晶，以备后鉴。

编者根据规划设计的内容及性质大致将三年所做的规划设计分成六部分：美丽农业、特色农业强镇、田园综合体、乡村振兴、现代农业、园区基地建设，这样的划分没有统一的标准，仅为读者查阅之便。

限于全书篇幅，我们对每篇图文进行了删改，由于时间紧迫，且限于编者水平，本书的编撰工作难免有疏漏、错误之处，敬请业内同仁、专家学者、广大读者提出宝贵意见和建议。在此，感谢每一位参与规划设计研究人员和编撰人员的辛勤贡献。

编　者

2019年9月

美丽农业

MEILI NONGYE

乡村振兴

现代农业

园区基地建设

目录

绍兴市上虞区永和镇“整洁田园、美丽农业”建设规划

2016年8月，浙江省全面启动“打造整洁田园、建设美丽农业”行动。“打造整洁田园、建设美丽农业”是贯彻落实省委决定、深入推进“两美”浙江建设的具体行动，是补齐生态环境短板、满足人民群众对美好生活期盼的重要举措，也是转变农业发展方式、打造农业可持续发展标杆省份的必然要求。开展“打造整洁田园、建设美丽农业”行动，是省委、省政府根据当前社会发展审时度势提出的一项重要工程，是当前解决耕地抛荒、提高土地生产率的必要手段，也是优化农业生产环境、美化农村田园景观的重要举措。因此，进一步提升农田清洁化、生态化、景观化水平，加快农业发展方式转变，推进美丽农业和品质农业建设就显得十分必要。

今后一段时期，特别是“十三五”期间，是浙江省加快农业增效、农民增收和农村增绿的战略机遇期。绍兴市上虞区永和镇“打造整洁田园、建设美丽农业”行动重点要在三个方面下功夫：一是在实现农业视觉美上做文章、下功夫；二是在实现农业内涵美上做文章、下功夫；三是在实现农业持续美上做文章、下功夫。

上虞区位于杭州湾南岸，地处杭州与宁波之间，与上海隔江相望，地域面积 1 403 千米^2，人口 77.94 万人，下辖 18 个乡镇、3 个街道办事处。上虞区是省级区域交通枢纽中心，绍兴商贸中心以及浙东新商都，地处杭州湾南岸，整个地貌呈“五山一水四分田”的格局。上虞区农业经济稳健发展，经济作物资源丰富，是全国著名的“葡萄之乡”和“杨梅之乡”，近几年来以“高效生态农业强区、特色精品农业强区、绿色安全农业强区”为发展定位，着力打造“四季仙果之旅”旅游品牌，扎实推进农业产业集聚区、现代特色农业强镇、“一路一圈一镇”建设，农业结构进一步优化，形成了蔬菜、水产、茶果、畜禽、花木五大主导产业。

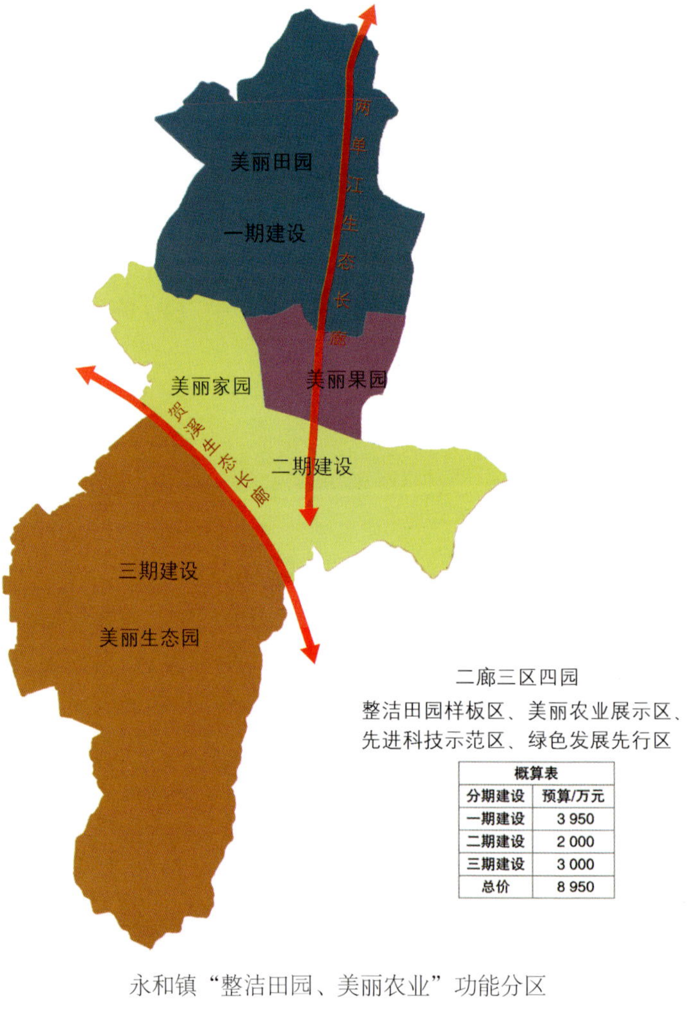

概算表	
分期建设	预算/万元
一期建设	3 950
二期建设	2 000
三期建设	3 000
总价	8 950

永和镇“整洁田园、美丽农业”功能分区

永和镇位于上虞区东部，地处四明山麓，是虞东平原的沃土田园与四明山余脉的丰山美水一起造化而成的锦绣之地，素以“古市商埠”“红色古镇”而著称。西与“英台故里”丰惠接壤，南部为四明湖风景旅游区，东经余梁公路与余姚市相连。镇域面积 31.3 千米^2，总人口 1.6 万人，下辖 8 个行政村，有耕地 16 063.97 亩*、山林 17 545 亩。

近年来，永和镇围绕“边界活力镇、幸福养生地”建设目标，经济社会各项事业取得长足发展，但也存在田园整治不到位导致治理水平不平衡、政策保障不到位导致资金投入不足、群众认识不到位导致主体积极性不高等问题。

规划的指导思想是：以绿色发展理念为引领，以围绕美丽浙江和绿色农业强省建设为目标，以推进农业供给侧结构性改革、加快培育农业农村发展新动能为主线，坚持政府主导、各方参与、突出重点、分步实施、标本兼治、长效管理，全面整治田园环境，完善田园基础设施，改造提升生产设施，整治各类杂乱杆线；调整优化产业布局，推动农业绿色发展、循环发展、融合发展，切实转变农业发展方式，加快实现农业种养区域环境明显改善，田园清洁化、生态化、景观化水平明显提升，农业生产经营主体和全社会自觉保护田园环境意识明显增强；打造形成基础设施完善、生产设施整齐、生产过程清洁、产业布局合理的整洁田园，切实把农业建设成为最美丽的产业。

永和镇“整洁田园、美丽农业”项目养猪场改造

规划的基本原则是：坚持生态循环、绿色发展原则，坚持重点突破、整体推进原则，坚持因地制宜、分类指导原则，坚持统筹规划、分步实施原则，坚持注重保护、科学开发原则。

规划面积 32 千米^2，涉 8 个行政村（项家桥村、永和村、三桥村、安家渡

---

* 亩为非法定计量单位，1 亩≈667 米^2。——编者注

村、青峰村、新岙村、朱巷村、大墩村)，规划期限 2017—2019 年。

永和镇“整洁田园、美丽农业”建设规划区的功能定位为整洁田园样板区、美丽农业展示区、先进科技示范区和绿色发展先行区。总体目标为田园优美、产出高效、产品安全、资源节约、环境友好、装备先进、三产融合。

规划的空间布局为“二廊三片四园”。“二廊”即以两单江、贺溪两大水系为基础，打造贯穿全镇的两条生态长廊。“三片”是将规划区分北片、中片和南片，在以发展粮油等为主的基础上，北片适当发展水果等、中片适当发展渔业等、南片适当发展渔业、水果、花卉等。“四园”指以优质粮油生产为主的美丽田园，以草莓、樱桃、桑葚、杨梅、桃、梨、西瓜、葡萄等特色品种为主的美丽果园，以着力解决农田环境脏、乱、差现象为主的美丽家园，以发展生态循环农业为主线的美丽生态园。

规划的主要任务是整治田园环境、改善基础设施和生产设施、推行清洁生产、优化调整种植及养殖业的空间布局与结构、提升产品层次、拓展农业功能、培育现代农业主体。

永和镇“整洁田园、美丽农业”项目鹅场改造

规划的重点工程包括：

1. 基础设施改造工程

计划投资：新建道路投资 385 万元，提升道路投资 887 万元。混凝土 U 形沟投资 41.6 万元，合计 1 313.6 万元。

2. 农田景观提升工程

计划投资：景观改造投资 450 万元，绿化投资 660 万元，入园口节点 210 万元，果园展示区 140 万元，灭蚊灯 42.7 万元，设施用房提升工程 300 万元，合计 1 802.7 万元。

3. 生态循环农业创建工程

计划投资：沼气工程、池塘生化改造等总投资为550.02万元，其中主要建、构筑物投资212万元，污水发酵系统设备投资119.92万元，有机肥加工中心设备投资73.5万元，池塘生态改造100万元，其他部分投资44.6万元。

4. 现代农业装备提升工程

计划投资：玻璃温室、钢架大棚等一系列现代化养殖设施总投资2 000万元。

5. 农产品质量提升工程

计划投资：“三品一标”基地建设及扩大产业规模总投资200万元。

6. 农业产业结构优化工程

计划投资：大力推进美丽生态牧场建设，对美丽生态牧场进行整体规划改造，发展休闲观光农业等，总投资300万元。

7. 新型经营主体培育工程

计划投资：培育并做强一批家庭农场、农民合作社及其联合社，加快发展多种形式的土地经营权流转市场，计划投资100万元。

保障措施有：加强组织领导，健全工作机制；加强政策支持，完善投入机制；加强科技支撑，提升发展水平；加强配套服务，提升保障能力；加强宣传引导，建立长效机制。

永和镇“整洁田园、美丽农业”项目道路改造

舟山市佛果园沈毕家村细部设计方案

舟山处在我国东海岸线和长江出海口的组合部，扼我国南北海运和长江水运的T形交汇要冲，是江海联运和长江流域走向世界的主要海上门户。小沙街道位于定海西北部，包括原小沙镇和长白乡两部分，以长白水道为隔，东临马岙，南靠双桥，西接岑港，北与岱山双合（两头洞）隔海相望，其中长白岛南部建有长白渡口，配套小沙海丰码头，是长白对外客货航运的主要通道。

佛果园沈毕家村规划前场地中的道路主要分为三种——柏油路面的主干道、混凝土路面的村内道路和混凝土路面的田间小道。道路总体状况较为良好，部分路面出现裂纹，道路两侧绿化普遍较差。场地中的建筑建成时间跨度较大，风格迥异，大多数的建筑外立面存在不同程度的损坏，村内许多房子空置，有利于统一进行立面改造。场地中的水体主要有水库、池塘以及河道，主要存在的问题有：①部分水体为死水、水质较差；②水体周围缺乏植物配置，未能成为景观节点；③各个水体之间缺乏联系，不能成为一个连贯的整体。

佛果园沈毕家村项目村庄入口改造

规划的原则是：生态优先原则——对沈毕家村的自然生态系统进行研究，总结基本规律，强调生态系统的保护与修复，使以此为基调的环境风貌成为沈毕家村各类资源条件建置的根本所在。注重文化原则——弘扬沈毕家村的人文内涵和特色，探索传统人文精神的延续，彰显沈毕家村乡村文化旅游的重要内容。因地制宜原则——强化原有村落系统中的特征要素和肌理，体现保护性环境提升过程的文脉延续和传承。可持续发展原则——树立“和谐”理念，将“保护和利用”导入良性的循环状态，为村庄的后续开发预留空间、打好基础。

规划设计定位是乡村改造、整洁田园的示范点。设计理念是通过空间调整与路网优化实现生态全景和产业提升，通过生态全景与产业提升推动空间调整和路网优化。

对于房屋的改造，规划设计要点是：建筑外立面改造是在建筑原有结构的前提之下，增添极具地域特色和乡村文化的装饰元素，从材料和元素着手，本着尊重场地文化的原则进行建筑外立面的“轻改造”。外立面改造虽然是有必要的，但是也要视情况而定，特别是有历史感的古建，更要特别对待。

本着整治为主、梳理整合资源为主的原则，将整个规划区域内的农居建筑分为三类，即改善类、整治更新类以及保留类。

一类建筑——改善类建筑。对于一般的传统建筑，进行外部修缮和改造，改善居住和使用条件；同时进行内部更新，使之适应现代的生活方式。民房墙体采用涂料或防水纹贴，窗体更换传统花窗或现代简洁灰色系窗框等。

二类建筑——整治更新类建筑。更新类建筑分为拆除新建、更新重建和拆后不建三类。对近些年新建的部分建筑的形式、色彩、细部进行适当整治；对局部冲突较大的建筑进行远期拆除等处理措施，减少环境冲突；对部分建筑质量差和建筑形式无法适应现代生活的建筑采取综合改造的手段。

三类建筑——保留类建筑。对于建筑质量完好、近些年新建且有一定的配套设施，但在规划区域内与其他建筑风貌不协调的，暂时作为保留建筑，可通过绿化等手段减少视觉冲突。随着规划区域内保护与更新工作的不断深入，待条件成熟后进行整体整治或改造。

重点项目规划有建筑立面改造设计、村庄入口设计、道路改造与提升、生态停车场设计、池畔节点景观设计、竹林节点景观设计等。

建筑立面改造设计主要有三处。一栋建筑位于沈毕家村主要入口处，是村容村貌的重要展示点。在改造上主要涉及墙面立体改造和周边景观改造，具体包括：①保留建筑主体石头墙，陈旧的水泥墙涂刷粉白，并增加木制窗扉和竹制庭院门楼。②提亮建筑周边景观，空闲地划分区块，种植观赏性蔬菜和果树，并以木栅栏围合。在建筑入口处，放置特色花钵，增加趣味。

另一栋建筑位于沈毕家村主路交叉口处，因此在改造中需要注意道路与建筑的过渡性。改造主要涉及墙面立体改造和周边景观改造，具体包括：①拆除破旧的违章建筑，陈旧的水泥墙涂刷粉白，并增加木制窗扉和竹制建筑栏杆。②提亮建筑周边景观，增加地被、灌木、乔木，增加绿化层次感。

第三处建筑位于沈毕家村中房屋密集区，改造重点在于：①增加墙面丰富性，建议采用墙体彩绘，墙绘内容贴近舟山农村生产生活实际，因地制宜，采用书法、海岛画等多种艺术形式，让群众易于理解接受，又不失文化内涵，寓教于乐。同时，可以在民居农舍上进行墙绘，让白墙黑瓦更显特色。②适当在道路沿线增加绿植，其种植器皿可以是具有乡村风情的水缸、陶罐等。墙面、窗前也可适当种植攀援植物，增添趣味，如爬山虎、凌霄花、茑萝等。

村庄入口节点是整个乡村景观的重要节点，对其乡村形象的塑造和环境的美化起到积极的作用。对该节点的改造主要包括：①选用简洁大方的木制牌坊（或石墙）作为村庄入口的标识，集中体现沈毕家村的村庄特色及文化。②丰富的景观层次，其景观序列与交通环境相匹配，合理利用植物围合出引导视线。

佛果园沈毕家村项目生态停车场建设

规划改造和提升的道路位于停车场与杨梅种植园之间，是连接村头和村尾的重要交通要道。该节点的改造包括：①根据场地坡度打造一条连接村头和村尾的交通要道。②优化道路两边景观建设，使游客在行走过程中能欣赏到不同的景观。

生态停车场位于沈毕家村主路一侧，靠近村庄建筑区。其改造重点在于：①建设生态停车场，采用嵌草坪砖铺设，其优势在于透水、透气性强。在停车场旁空闲绿地种植乔木、灌木、地被，在美化景观的同时为车辆提供庇荫。②保留建筑主体石头墙，陈旧的水泥墙涂刷粉白，并增加木制窗扉。③整修村庄道路。

池畔节点位于建筑与村庄道路交叉处，是沈毕家村村容村貌的重要展示点。该节点改造需要：①保留建筑主体石头墙，陈旧的水泥墙涂刷粉白，并增加木制窗扉。②亮化水体景观，营造自然含有景石点缀的驳岸景观。原水泥休闲平台改为防腐木平台，铁制防雨棚改建为木质仿古亭。③水塘周围用自然式木栅栏围合，并且在池塘四周和中心不规则区域种植水草和莲花等植物。

竹林节点景观有两处。一处位于村庄主路尽头处，紧邻着池畔节点景观，是沈毕家村重要的节点景观。该节点改造的重点为：①在原有的硬质铺装上添加条凳座椅、花架花钵等景观小品，广场四周的陡坡用绿植围合，增加观赏性和趣味性。②从广场上开辟道路，设置台阶，游客可以进入竹林，并增加木制凉亭两间，供人喝茶休憩，增加游览性。

另一处节点位于沈毕家村主路一侧，靠近村庄建筑区。其改造重点在于：①对过密的竹林进行疏除，构建出一个较为明朗的视觉场景。②增加游步道，使游客能进入到场景中，充分享受竹林静谧之感。③添加小木屋、坐凳、亭子等构筑物，使游客有一个休憩停留的空间。

专项规划包括：农田景观种植设计、道路两侧绿化提升、水渠景观改造提升、围墙栏杆设计、照明系统设计、环卫设施改造、文化小品及标牌设计。

农田景观种植主要为蔬菜种植区块，要求能够有一个规整的菜畦，在蔬菜种植过程中可以考虑片区与颜色的搭配，使可食用的蔬菜也成为一种可欣赏的植物景观。在菜地中适当添加趣味农田小品，如稻草人、小风车等。

道路两侧的改造包括：①增加竹子的栏杆，将道路和绿化带有序分开。②优化植被种植结构，合理区分植被层次，构建道路绿化景观。

水渠改造的重点在于：①对现有水体水渍进行净化，清理垃圾。②优化水体两边的植物景观，设置可接触水面的台阶。

佛果园沈毕家村项目水渠景观改造

围栏栏杆改造包括：①更换原有钢管护栏，换用较为美观且耐腐蚀的仿木护栏，既实用又与整体环境配套，形成一个整体。②将场地内的农业垃圾进行清理或者回收利用，保证场地整洁。

佛果园沈毕家村项目围栏栏杆改造

需要增加照明系统，以改善夜间交通状况，且能够较好提升村庄整体建设水平，有助于加快城乡一体化建设。

环卫设施改造的重点在于：①建设新的生态垃圾房。②增加垃圾桶的投放量，对现有垃圾桶进行固定，增加垃圾桶的种类，对垃圾进行分类处理。

文化小品及标牌设计作为环境设施的一员，更加显出其重要性，需要对标识系统进行统一管理，整体风格以仿生态、田园风格为主。在园区曲径、景观重要节点处放置景观小品，并合理搭配花草景观，力求达到景观步移景异，充满趣味性。

该规划投资估算总计 1 600 万元。

舟山普陀城北区农业景观改造方案

自2015年8月开始，国家旅游局开展“国家全域旅游示范区”创建工作，舟山被选定为世界海岛旅游大会永久会址。为此，城北区农业景观改造要美观、经济、实用、简便。

城北农业景观包括农田景观、河岸景观和路边风景等，共7个节点（地块），总面积665.6亩。

1号节点（地块）——蔬菜花园（慢花园）。该节点面积约11亩，设计方案为：中心较大地块种植甘蓝或建设瓜果廊架，两个边块种植玉米，一个边块种植花草，另一边及地块之间以竹篱笆分隔。甘蓝有很多种颜色，可组成各种样式的图案，对土壤的选择不是很严格。瓜果廊架种植南瓜、丝瓜、葫芦、豇豆、苦瓜等，廊架造价100～500元/米不等。玉米的种植能使1号地块有较好的整体性，玉米的高度与甘蓝的低矮正好弥补了原始地形上的差距。选取较低矮、通透型的竹篱笆，这样能使景观更具观赏性，篱笆整齐划一，能够形成较好景观效果。甘蓝可全年排开播种，在气候较为适宜的春秋两季，可精量播种。玉米根据种植时间的不同分春玉米和秋玉米，春玉米4月下旬至5月上旬播种，8 月下旬可收获；秋玉米最迟不能迟于 7 月中旬播种，10 月中下旬收获。花草选用狗牙根、百日草、硫华菊、波斯菊等。以上蔬菜和花草均可在 10 月进入观赏期或观果期。

1 号节点原状图与设计图

2 号节点（地块）——乡野田园。该节点面积约 34 亩，设计方案为：绝大部分地块种植秋葵或小白菜，一个边块覆绿，地块之间及边界以竹篱笆分隔。种植秋葵能与 1 号地块形成整体齐平的整体感，除此之外，秋葵的花色有很多种，也易形成多色的色彩景观。如果雨水过多，则种植叶菜植物，如小白菜。秋葵一般在 3～4 月播种，经过 3～5 天便可发芽，苗期会持续 40 多天，5 月便开始结果，生长周期一般为 7 个多月，从 4 月上旬至 8 月下旬，均可以露地排开播种，当年都可以采收嫩果，10 月可观赏。小白菜（早熟 5 号）播种 30 天就可以采收。该节点内有两处管理房，管理房原为草棚，应进行拆除，改造重点在于和周围田地的景观相结合，保持其乡土风味，可使用改造的集装箱，更加贴近自然、贴近生活。花草选用狗牙根、百日草、硫华菊、波斯菊等。以上蔬菜和花草均可在 10 月进入观赏期或观果期。

2 号节点原状图与设计图

3 号节点（地块）——旱稻飘香或彩色薯田（开心薯田）。该节点面积约 78.6 亩，设计方案为：绝大部分地块种植旱稻，达到旱稻飘香的效果；或者种植甘薯，甘薯为新品种（紫叶甘薯、金叶甘薯、花叶甘薯等），易形成美观

效果，10 月亦可表现得春意盎然，达到彩色薯田（开心薯田）的效果，弥补草花花期短、花量少的不足。两个边块进行覆绿，靠近路边的地方种植花境，如百日草、硫华菊、波斯菊等，花卉的生长速度快，观景效果好，能够短时间成景覆绿，形成花海给人以如临童话之感。水边区域种植鸢尾、石蒜、荷花等湿生和水生植物，配合点缀其中的游道，形成禽鸟栖飞的自然野趣。种植水生植物可以美化景观、净化水质；增加灌木层，可丰富绿化层次。以上花卉或水生植物均可于 10 月进入观赏期或观果期。该节点中有两处管理房，设计参见 2 号节点。

3 号节点原状图与设计图

4 号节点（地块）——花团锦簇。该节点面积约 44.8 亩，设计由 4 部分组成：①花境；②覆绿；③游园小路；④水生植物。草花采用百日草、牵牛花、一串红、彩叶草、蛇目菊、硫华菊、石竹类、松果菊、七里黄、天人菊、高雪轮、滨菊等，水生植物采用鸢尾、石蒜、荷花、芦苇、千屈菜、水葱、菖蒲、睡莲、荇菜、香蒲、溪荪等。观赏期均包含 10 月。考虑各种花卉的花形、花色、花期、香味等因素，合理搭配，间歇种植，使得景观层次丰富，色彩不断变化，令人心旷神怡。

4 号节点原状图与设计图

5号节点（地块）——沈家渔船。该节点面积约438.2亩，设计方案为通过由农田、绿化带、水生植物的条块组合成渔船和波涛的形象，即左为满载归来的渔船，右为波涛汹涌的大海。这是由于沈家门拥有全国最大的水产品交易市场——舟山国际水产城，被称为“活水码头”，此地寓意着沈家门的渔港的文化。沈家渔船的位置现在种有较多原有作物，包括蚕豆（6月收获）、豌豆（6月收获）、芥菜、萝卜、白菜、杂草等，面积小而杂乱，建议整理清除。规划后可以采用间种的方式达到整体区块的效果，还可以采用套种的方式来弥补土地的空闲期。此外，还可将同一颜色作物种植在同一规划色块之中，整块种植，既能增加产量，又能形成整体效果。间种方案为：紫甘蓝＋紫秋葵；羽衣甘蓝＋紫菜台；紫叶小白菜＋紫花菜＋紫叶甘薯；松花菜＋小白菜＋黄秋葵；旱稻＋金叶（彩叶）甘薯。套种方案为：蚕豆＋小白菜；豌豆＋松花菜。以上作物均可于10月进入观赏期或成熟期。水边区域种植鸢尾、石蒜、荷花等湿生和水生植物，丰富田间景色，这些水生植物均可于10月进入观赏期或观果期，美化景观，净化水质。增加灌木层，丰富绿化层次。拆除原管理房草棚，改造重点在于和周围田地的景观相结合，保持其乡土风味，可使用改造的集装箱，更加贴近自然、贴近生活。

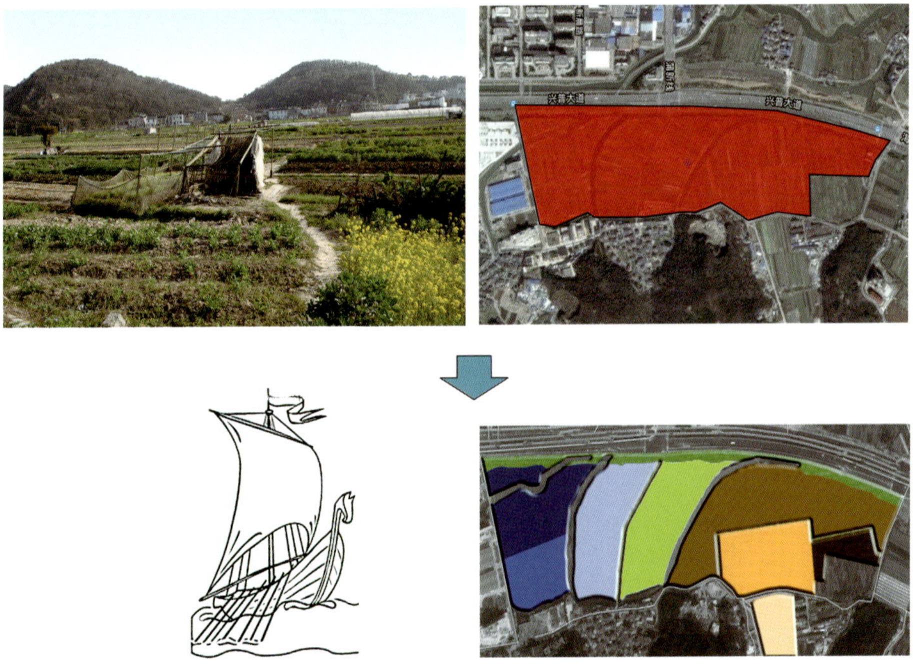

5号节点原状图与设计图

6 号节点（地块）——百花齐放。该节点面积 19 亩，设计意向主要以覆绿为主，靠近杂草的位置种植草花进行遮挡。花草选用百日草、硫华菊、波斯菊以及狗牙根、黑麦草，这些植物均可于 10 月进入观赏期或观果期。

6 号节点原状图与设计图

7 号节点（地块）——金色花田。该节点面积约 40 亩，位于应家湾水库附近，作物种植凌乱，有部分抛荒地，杂草丛生。设计意向为向日葵与草花混植，确保 10 月海岛大会之际达到观赏目的。选用品种包括向日葵、硫华菊、天人菊，均可于 10 月进入观赏期。于主要道路节点处设置与本土“海文化”有关的趣味小品，增加游人的归属感与趣味性。

7 号节点原状图与设计图

太湖溇港农旅综合园区总体规划

早在史前，太湖南岸原是一片沼泽，湖州先民用竹子和木头做成两道透水的挡墙，中间的软流质泥土被挖到挡墙外面，泥土中的水透过竹木围篱的缝隙渗入河道，形成了河流（溇港）纵向通往太湖。水和土分离使新的陆地开始出现，与此同时，一条条连接溇港的横塘陆续开挖，陆地被分割成棋盘一样的形状。挖出的泥土堆在土地四周，形成犹如城墙般的堤坝，人们把它唤作“圩”。水行于圩外，田成于圩内，形成太湖滩涂上的溇港圩田，由此，人们获得了大片土地，并在这里建立了新的家园。已故水利界泰斗郑肇经教授曾对溇港圩田给予很高评价，认为这是“古代太湖劳动人民变涂泥为沃土的一项独特创造”，甚至“可与四川都江堰媲美”。

该项目位于太湖南岸的浙江省湖州市吴兴区北部，东至桥溇村，西至大钱村，北至太湖，南至申苏浙皖高速，规划面积 76 千米^2，涉及高新区和织里镇 2 个乡镇、24 个行政村，其内有大小溇港 27 条，东起大钱港，西至胡溇，共 84 千米，其中有 17 条通湖溇港，另 10 条已封闭口门，不通太湖。

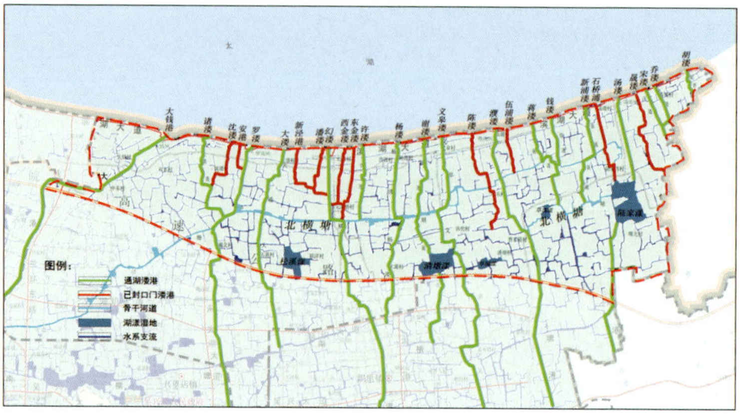

太湖溇港农旅综合园区水域现状（吴兴区人民政府提供）

本次规划提出，缘于以下三方面原因：①“环太湖风景路”的建设将湖州融入太湖旅游发展区域；②太湖南岸美丽乡村建设和休闲观光旅游发展方兴未艾；③湖州太湖溇港成功申报世界灌溉工程遗产机遇难逢。

随着城乡一体化发展，长三角区域一体化进程加快，休闲农业和乡村旅游发展大势如潮，环太湖滨湖带旅游度假产业方兴未艾。而本项目区内旅游基本处于起步阶段，当地居民发展旅游的意识薄弱，尚未有成体系的旅游产业支撑旅游发展，周边旅游的先一步发展也给本案的旅游发展带来了巨大压力。纵观环太湖及湖州滨湖旅游发展现状，大多以高端休闲、商务度假、山水湖景观光游览为主，伴随着太湖溇港灌溉工程的成功申遗，溇港特色文化体验、溇港主题休闲、水乡创意农业、休闲农业势必会成为本案与周边景区差异化发展的突破口。此外，项目地处湖州太湖旅游度假区的辐射范围内，临近苏州太湖旅游度假区，处在环太湖的必经之路上，天然的客源优势更容易造就本案旅游的蓬勃发展。

规划期限为2017—2026年。规划发展思路是创造华东独具溇港特色的水乡休闲旅游天堂，建设一流品质的水乡古村落度假旅游开放式景区，让游客体会最具水乡特色的圩田农业的创意休闲。总体定位是独具千年耕织文明、溇港圩田特色的中国水乡休闲目的地。形象定位是千年水乡溇港 · 江南休闲美地。形象口号为耕织湖乡 · 养心古村、溇港一天 · 跨悦千年、太湖溇港越千年 · 悠然幸福在心间。目标定位为：①近期目标（2017—2020年），湖州市生态旅游示范区、湖州滨湖休闲运动首选地、国家级水利风景区；②中期目标（2021—2023年），南太湖知名的滨湖水乡休闲区、浙江乡村旅游产业集聚示范区；③远期目标（2024—2026年），长三角独具溇港文化的风景名胜区、中国溇港文化旅游体验目的地。

规划结构为“一心、一轴、一环、三板块”，即幻溇风情小镇综合服务中心，滨湖水乡休闲旅游风情轴，溇港风情主题漫游环，溇港传统古村落休闲旅游板块、水乡创意农业庄园休闲旅游板块、溇港特色农业生态休闲板块。共划分为 4 个区：溇港古村落文化风情体验区、水乡民俗风情运动区、创意农业庄园休闲娱乐区、特色生态农业观光区。

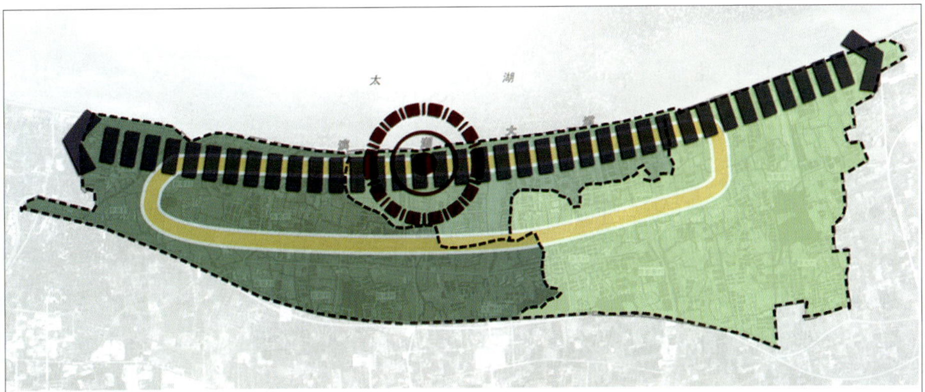

“一心、一轴、一环、三板块”

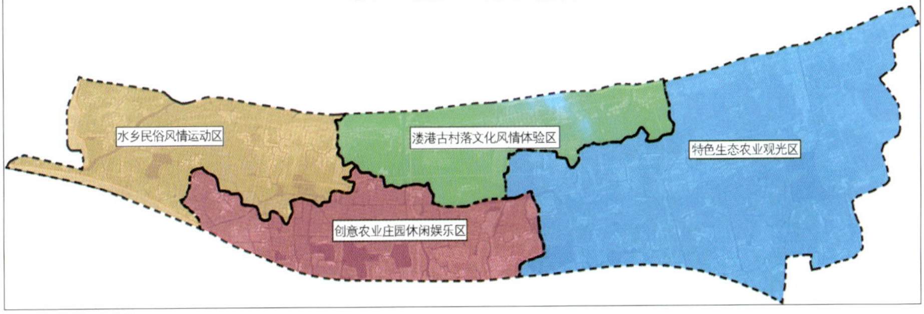

太湖溇港农旅综合园区规划结构分析和区域划分

溇港古村落文化风情体验区是溇港文化体验与乡村民宿的有机结合，它以“文化古村＋溇港体验”及“风情小镇＋水乡民宿”为依托，将幻溇的风情小镇与溇港文化体验相结合、义皋古村与溇港文化展示相结合，让游客亲身体验南太湖独特的溇港文化。该体验区以幻溇为集散中心，沿着幻溇村、许溇村、杨溇村、义皋村和伍浦村形成一条具有南太湖特色的溇港文化核心风情体验区。除此之外，热气球漫游乐园的融入也使文化展示区更加具有现代新文化的特色，便于游客俯瞰整片区域，将江南水乡美景尽收眼底。其主要项目有创意滨湖花海、热气球漫游乐园、水乡童话庄园、滨湖乡村美宿、幻溇风情小镇、乡村俱乐部、创意瓜果王国、溇港文化博物馆、义皋文化古村、溇港水上酒店、旅养别舍、游客集散中心、溇港文化体验园。

溇港文化体验园效果图

水乡民俗风情运动区是文化古村与乡村运动体验的有机结合，它依托“文化古村＋民俗风情”及“农业景观＋乡村运动”，融合民俗风情和乡村文化运动、休闲农业景观和农庄体验。游客在此区内不仅可以体验到南太湖的风土人情，又可欣赏到成片的农田美景，还可以在此区内感受到户外运动、郊野音乐、低空漫游和南太湖溇港文化融合产生的独特魅力。其主要项目有大钱文化古村、大钱港风情酒店、稻香露营基地、古乡文化会展中心、乡村运动大本营、水乡户外运动俱乐部、音乐·湖村、水乡文创之家、自驾车房车营地、创意农业示范园、直升机低空漫游基地。

创意农业庄园休闲娱乐区是创意农业与庄园休闲的有机结合，它以“创意农业＋溇港圩田”和“庄园休闲＋农业体验”为依托，融合创意农业景观和农庄休闲体验，游客在此区内不仅可以欣赏到南太湖的溇港圩田，还可以感受到创意给传统农业带来的附加值。该区域引进农业科学院雄厚的农业技术，科学种养与休闲体验相结合，在大片的农业景观中，游人可以感受到创意给南太湖这片沃土带来的独特魅力。休闲庄园融入水乡风情，给游客带来世外桃源般的体验，其主要项目有农耕文化体验园、开心渔场、松溪漾湿地公园、隐水山庄。

特色生态农业观光区是生态农业与休闲观光的有机结合，它依托“种养＋休闲观光”和“乡村民宿＋水乡风情”，打造具有吴兴特色的生态农业示范区。观光区利用现有区域内的桑基鱼塘及农田，发展精品水产养殖，延长农业产业链，争创特色苗木和果林品牌，发展文化休闲旅游，打造集农业湿地景观、乡村民宿和休闲养生中心等为一体的农业观光区。其主要项目有生态农业示范基地、乡野花木综合体、水乡太湖人家、生态康养社区。

规划对客源市场进行了分析、定位与预测，认为湖州市场和长三角市场等为项目区旅游发展提供了良好的市场环境。在2020年完成初步建设后，预计接待游客73万人次，到2023年，接待游客约140万人次，到2026年规划期末，将突破186万人次的旅游接待量。

本案对旅游产品与市场营销进行了规划。统筹考虑发展基础及旅游市场需求，将项目区旅游产品划分为五大类别，即风景游赏类、乡村休闲类、文化体验类、乡村运动类、乡村度假类。在节事节庆方面，策划举办中国溇港文化节、中国（南太湖）热气球节、太湖“水乡四项”。同时，还策划了两日游等线路。

此外，还做了交通规划、慢行系统规划、水系规划、建筑规划、旅游配套设施规划、植被规划、生态规划、资源保护规划等专项规划，提供了乡村旅游专篇。

太湖溇港农旅综合园区核心区鸟瞰图

云上草原 · 农业景观
概念性规划设计

本项目为浙江云上草原生态旅游度假项目，位于湖州市安吉县东南，该地区四通八达，地理区位优越，距离安吉县城 20 千米、湖州市区 60 千米，距离杭州市区 50 千米、萧山国际机场 80 千米，在 200 千米高速交通圈内，与上海、嘉兴、宁波、无锡、苏州、南京等经济发达的长三角城市群无缝对接。

本项目前期总体规划已经通过评审，力争打造一个集野奢酒店、高山户外滑雪场、观光、索道、极限运动小镇于一体的生态旅游度假项目。项目已经取得相关土地权限，并在 2016 年 12 月底正式开工，已被列入浙江省重点旅游项目，是山川乡创建省级旅游度假区的重要项目。

目前，中国大陆首个世界著名品牌乐园凯蒂猫家园、亚洲最大的水上乐园欢乐风暴、港中旅 CLUBMED、阿丽拉度假酒店等一大批知名旅游品牌落户安吉，安吉旅游市场火爆，发展迅猛。本项目亟须审视自身条件，以解决冰雪运动短板，并通过冰雪运动旅游带动区域经济发展，进而带动整个山川乡的大景区建设。

本项目用地面积 500 余亩，位于山川乡高家堂村，土地性质以基本农田、一般农田为主。场地现状主要有水田、茶园、毛竹等，内部有车行道贯通，但道路狭窄、结构欠佳、缺少层级，用地范围内有少量塑料大棚和农民房。

总体概括：场地资源条件优厚、山清水秀，兼具农田与梯田，经过规划能够提升农业产业，丰富农业景观，带动周边经济。

规划思路：以中药材、珍稀水果与旱粮作物为景观特色，通过现代种植科技和工艺，实现农作物景观化。

发展目标：促进入口景观结构调整，加大其农业元素比重，打造集农业风光、游客集散、园区展示为一体的入口景观区。

规划理念：农业基底、旅游纽带、文化画卷。注重瓜果与旱粮作物的搭配运用，结合实际地形，通过现代手法打造农田景观基底。场地位于景区入口区，是沟通旅游景点的重要景观区块，区块内按照不同的分区，设置梯田景观、大地景观等区域，并用连贯的游步道将这些区域连通，使游人在观赏风光的同时感受田园生态和人文内涵。从旅游角度出发，整合当地文化资源，打造能展现安吉特色的文化画卷。

规划定位：以农业景观为基底，集形象展示、旅游观光、休闲游憩为一体的田园景观区块。

一线·四区·多点

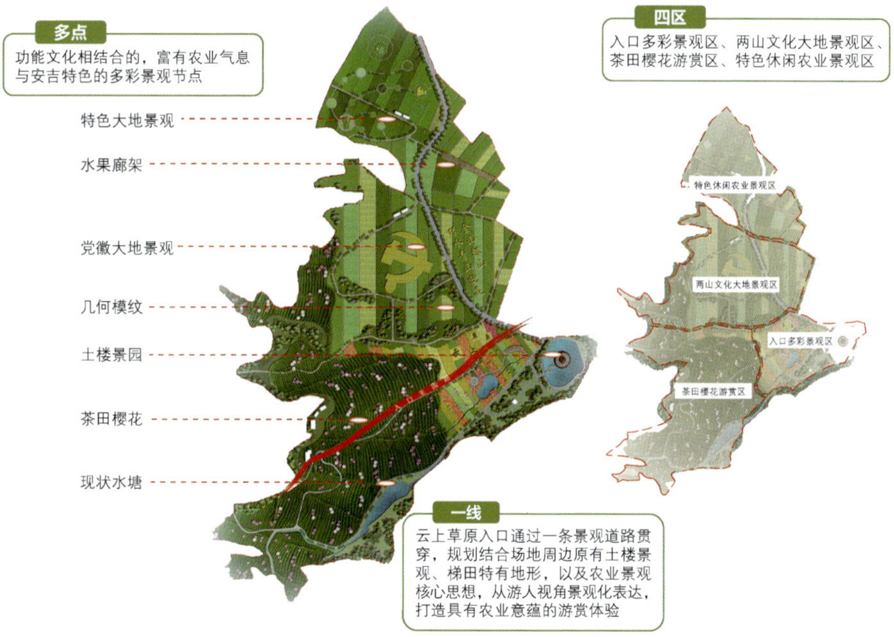

云上草原空间布局

空间布局为“一线、四区、多点”。“一线”即云上草原入口通过一条景观道路贯穿，规划结合场地原有的土楼建筑，通过场地梯田特有地形，以及农业景观核心思想，从游人的视角景观化表达，打造具有农业意蕴的游赏体验；“四区”即入口多彩景观区、两山文化大地景观区、茶田樱花游赏区、特色休闲农业景观区；“多点”即农业种植与景观功能相结合，使之具有农业的乡野气息，打造入口景区的多彩休闲景观。

入口多彩景观区位于场地东南角，覆盖了入口主园路的前半段，车辆从此进入。路的一侧种植几何模纹的农田，另一侧种植时令花卉，从而保证四季有景、景景不同。结合现状土楼景观，引用上游沟渠水源，设计景观水面和可食地景，起到过渡建筑与农业景观的作用。

茶田樱花游赏区为入口主园路的后半段，结合现状地形打造梯田夹道、花林环绕的景观。具体操作时，在梯田上先种植成排茶树，然后再进行各种开花乔木（樱花、桃花等）的点缀，烘托出入桃花源的意蕴。

两山文化大地景观区位于场地中央，以巨大的党徽图案为核心大地景观。党徽的东侧布置“绿水青山就是金山银山”字样；南侧的农田局部种植组团果林，丰富区块的内容，避免冬季景观单一。

云上草原平面图

特色休闲农业景观区位于场地北部，以现代优质旱粮品种种植为基底，结合流线型的乡间小路和瓜果长廊，打造景观丰富的现代农业板块。在大地景观内容上选择具有当地特色（白茶、竹）的模纹花样，从而更接地气，体现安吉独有的民俗风味。

本案还对农业种植、交通、铺装道路意向、雕塑小品意向、公共家具意向等做了专项规划。

浙旅祥生·浔世界农业产业规划设计

第一部分　浙旅祥生·浔世界农业产业总体规划

本项目位于太湖南岸的湖州市南浔区东部，地处江、浙、沪两省一市交界处，项目总面积为 14 428.2 亩（约 9.6 千米^2），其中永久基本农田 5 516.55 亩。场地内水系纵横，有浔练公路、永辑线、708 村道、705 村道、141 村道等多条重要交通道路。建设用地主要集中在辑里村及与其一江之隔的莲池，其他建设用地相对分散，但排列形式主要沿河道分布。场地与浔练公路接壤，交通便利，距湖州市区仅 3.6 千米。

本规划的期限为 2018—2020 年。

项目场地为典型的江南水乡平原，地势较低平，境内河流纵横，湖漾密布。植被以大面积农田为主，但大部分农田荒废。少量地块有蔬菜、桑树、桃树、草坪等种植，香樟为道路两侧行道树，景观比较单一。建筑多为农民房，且大部分建筑已经拆除，除此之外，留有少量集装箱改建的临时管理用房。

根据对园区现状条件和外部环境、政策环境等的分析可以看出，项目区建设的优势、劣势均十分显著。总体而言，其优势在于区位交通和自然生态底蕴，劣势在于现有项目基础薄弱，需要强化提升；从外部因素来讲，机遇大于挑战，需要做好项目的顶层设计，解决项目经营的难题。

总体来说，未来南浔的发展不仅要综合考虑自然、市场、政策等因素，牢牢把握“既要绿水青山，也要金山银山”的思想，还要建立科技合作机制，聚集人才、技术、信息等生产要素，树立农业产业发展标杆。依托本土文化，形成园区建设的文化内涵和品牌差异，将是园区建设走向成功的关键途径。

项目规划的总体定位是成为“一带一路”沿线国家农业示范集成平台，打造集科技引领、农耕文化、亲子教育观光休闲于一体的“南浔田园综合体核心区”。规划原则是科技引领、市场导向，科学规划、统筹兼顾，突出重点、发挥优势，环境优先、可持续发展。功能定位是科研合作、高新示范，科技研发、创新创业，休闲体验、创意互动，社区开发、服务“三农”。

项目计划达到四个目标：现代农业产业先行者的产业目标、农旅休闲体验综合体的文旅目标、先进农业科技示范基地的科技目标、田园综合体核心辐射区的影响目标。项目开发强调对区域农耕文化特色的传承，做到合理区划、有序发展，通过物联网的应用提高农旅体验和产品推广，从而打造集高效农业、体验农业、智慧农业、养生农业于一体的现代化农产核心区。建设标准要求坚持姓农为农、绿色体系全、质量品牌优、农科结合紧、综合效益好。

项目建设规划的空间布局为“一心、一带、四区”。“一心”即创意农业示范中心；“一带”即农业景观带；“四区”即优质粮油产业区、园艺种植产业区、蚕桑养殖产业区、生态水产产业区。围绕“一心、一带、四区”打造浔世界现代农业园，发展优质粮油、果蔬、蚕桑、花卉、中草药、水产六大产业。

“一心”之创意农业示范中心的建设思路是：依托浙江省农业科学院“农业部创意农业重点实验室”打造农业创意展示基地和示范基地。以首开核心区域结合创意农业，有效地将科技和人文要素融入农业生产，进一步拓展农业功能、整合资源，把传统农业发展为融生产、生活、生态为一体的现代农业，打造新农业融合示范区。具体有八个区块，分别为金色田园、绿色菜园、缤纷果园、浪漫花园、芬芳药园、农耕亲子乐园、社区支持农园（CSA）、大地景观。

“一带”之农业景观带建设思路是：结合美丽田园的建设，在沿南一路（规划）主干道两侧约500米范围内打造多彩变化的道路四季花海景观带；分段在可视范围内种植创意景观作物田，带来视觉冲击力，引导游客园区入口位

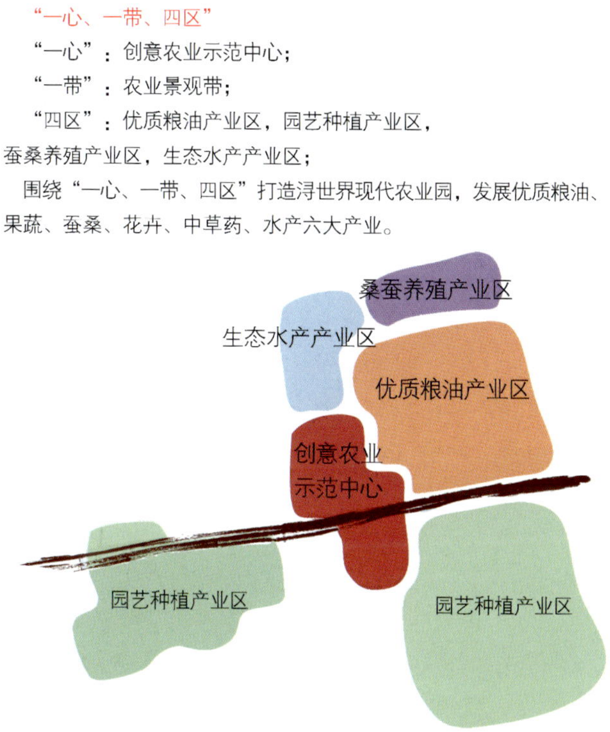

浙旅祥生·浔世界农业产业项目空间布局

置；在可视范围以外，以大片“大地艺术”农田景观为主，使公路沿线一年四季呈现不同的景致和韵色，提高道路景观带的生态和景观价值。整体形成“一带三景多点”的绿道结构。“一带”即由东西两侧硬路肩以及沿线可利用的村道和老路相结合所构成的绿道主线；“三景”即对道路沿线花卉景观、创意田园、四季农作物景观特别突出的区段进行打造，形成“一带三景”；“多点”即由道路沿线节点串联而成的，位于道路沿线的不同景点、门户、观景台、景观小品等要素节点。

“四区”之优质粮油产业区的建设思路是：结合浙江省农业科学院涉农获奖类科技成果，突出展示南浔项目农业产业的高、优、美。同时以提高粮食综合生产能力、保障粮食安全为目标，以完善农田基础设施为重点，建设水稻生产示范园、油菜生产示范园、旱粮生产示范园。强化农业废弃物资源化综合利用，大力实施粮食全产业链能力提升项目，改善粮食生产条件，保护生态环境，提高粮食产量，增加生产综合效益。具体有 3 个园，分别为水稻生产示范园、油菜生产示范园、旱粮生产示范园。

“四区”之园艺种植产业区的建设思路是：园艺种植产业区主要发展果树、蔬菜、各种观赏植物、香料及药用作物，打造园艺产业园科技创新、示范培训、会展博览、观光旅游、展销物流、休闲娱乐等综合功能。依托浙江省农业科学院现代农业和园艺的优势科技资源，实现园艺新品种研发、科技创新和科技成果转化，提升整个园艺产业发展。具体有7个园区，分别为中药材生产示范园、特色花圃园、温泉农业体验区、露地蔬菜生产示范园、大棚蔬菜生产示范园、露地水果生产示范园、设施水果生产示范园。

“四区”之蚕桑养殖产业区的建设思路是：依托浙江省农业科学院蚕桑研究所，建立桑蚕新品种引进、试验和推广体系。与科研院校密切合作，及时引进新品种，按照“跟踪一代、试验一代、推广一代”的原则，使推广的蚕桑品种保持最新。全力推动产业提质转型，促进蚕桑科技水平提升，拓展蚕桑资源开发，发展叶果兼用桑，在桑园推广中药材种植及家禽养殖，推进产业融合发展。积极改进单一种桑养蚕模式，转向经济效益更好的蚕桑资源综合利用，发展果桑种植、桑果采摘、食品开发和休闲旅游等多元化产业链。具体有3个区块，分别为桑品种选育基地、桑树种质资源圃、蚕桑生产示范园。

“四区”之生态水产产业区则建设一个生态水产养殖园。分2个养殖模式：池塘循环流水养殖模式和鱼菜共生养殖模式。

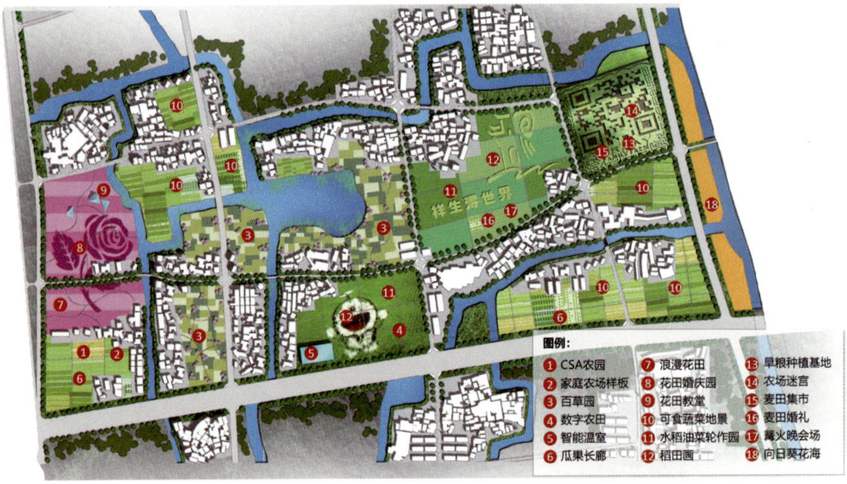

浙旅祥生·浔世界农业产业项目总平面图

本案还提供了7个专项规划：农业设施布点规划、农业种养规划、旅游专项规划、农业科技专项规划、智慧园区专项规划、产品营销策略、环境保护专项规划。同时，对组织运营与建设时序做了安排，估算了投资，分析了效益。

第二部分　浙旅祥生·浔世界首开区农业产业详细规划

首开区范围总用地 2 540 亩，其中永久性基本农田 1 279 亩，本次规划范围即为永久性基本农田区域，约占整个首开区面积的 50.4%。

首开区目标定位是创意农业示范基地。项目首开区作为核心主力业态区域，其项目需要具有新、优、奇内容的重要引爆点，因此，在首开区农业板块建设创意农业示范基地，采取创意田园、智慧田园、体验田园的内容吸引游客，以优美的田园景观为载体，融入创意农业、农事体验、高新农业科技，坚持以农为本、以人为本，展示现代农业新模式，以创意农业为动力，以农旅融合为核心，带动区域发展，引领未来农业新方向，打造农业现代化融合发展新样板。

在农业产业布局上，规划大小 13 个区块：1 个精品花卉种植区块、7 个精品果蔬种植区块、3 个特色中草药种植区块、2 个高效粮食种植区块。功能分区有创意农业展示区、花田喜事区、农事体验区。

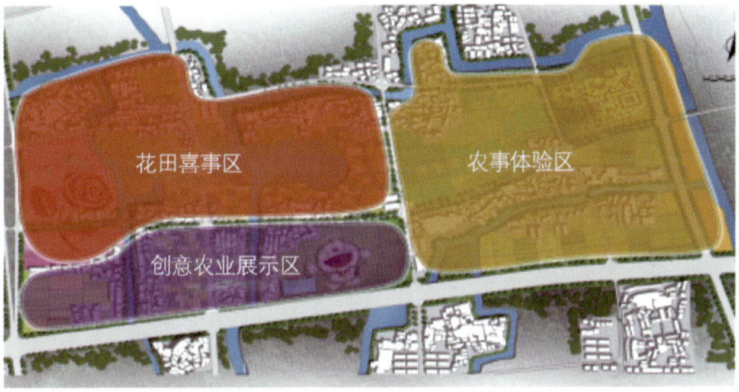

浙旅祥生·浔世界农业产业项目功能分区图

浙旅祥生·浔世界农业产业项目鸟瞰图

创意农业展示区内建设CSA农园、家庭农场样板、瓜果长廊、百草园、智能温室、数字农田等。CSA农园使消费者有机会以自己的双手去接触和体会土地的力量，形成现实版开心农园。家庭农场样板讲究一种健康的生活，种植的蔬菜作物不仅能观赏、食用，还具备净化室内空气、美化环境的功效，可以提高生活的质量。瓜果长廊采用铁艺花架，结合瓜果的种植更富有田园气息，同时，铁艺长廊可以作为一件艺术品，外观造型设计新颖美观，线条简洁流畅，视觉效果好。百草园采取组合种植方式，如“百草园＋药香花园”“百草园＋高效种植”“百草园＋创意种植”等。智能温室采用Q235材质加热镀锌的钢结构，更有内外遮阳、循环风扇、湿帘风机、移动苗床、加热管道（空中加热＋地上加热）、雨水回收、水处理系统、灌溉系统、悬挂式固定喷淋、计算机控制等。数字农田主要是建立农业虚拟现实系统，在其中模拟农业生产环境，为农业管理与决策提供支持，利用虚拟现实（VR）技术，把数据还原成图像，直观反映田里的情况，并在虚拟的环境中为农业生产中可能存在的问题制订解决方案。

在花田喜事区内建设花田婚庆园、花田音乐节、花田灯光秀、花田教堂、可食地景等。花海利用球根、一二年生草花、水生等观赏植物，自然形成或人工种植，采用大地艺术手法进行展示，融合生态休闲科普等元素，形成具有地域特征的可持续发展的特色花海景观。花海在规划上既需要多姿多彩又要有建设的精致度，要塑造花田微地形，丰富花田的景观层次，加强景观艺术性和改善生态环境。其设计要点为：①注重科技导入，包括从花卉苗木的组培科研到立体化展示。②科普体验规划，包括科普教育的相关功能设置及活动策划，且注重趣味性。③创意景观设计，用花卉创造有趣的景观小品，提升观赏性。农事体验区内规划水稻油菜轮作园、旱粮种植基地、农场迷宫、麦田集市、稻田婚礼、篝火晚会、向日葵花海、瓜果长廊、可食地景等。

本案还对农田排灌沟渠、设施用地布点、标识导向系统规划、四季旅游活动策划、旅游线路策划设计等做了专项规划。

柯城万田乡“稻田画”景观设计方案

柯城区是浙江省衢州市的市辖区，东靠衢江区、西临常山县、西南与江山市接壤，是衢州的经济、政治、文化、商业等中心。万田乡位于衢州府城西北，南距城公路里程 8 千米（直线距离 5 千米），地属衢州市柯城区，北枕九华乡，南临柯城乡，东接衢江区云溪乡、浮石乡，西交石梁镇、姜家山乡。

本项目位于柯城区万田乡，涉及翁塘垄畈、上下蒋畈 2 个地块，地块大小 300 亩左右，稻田画图案设计面积约 50 亩。

翁塘垄畈地块：该地块位于翁塘垄水库下方，田块平整连片，并且在水坝上有良好的视野条件，稻田画的种植条件良好。

注意事项：①考虑到人流量的问题，为避免拥挤，可于水坝朝田块方向修建观景平台。水坝上需加装护栏，做好安全措施。②少部分地块上种有果林，需进行场地平整。

上下蒋畈地块：该地块呈纺锤形，南北方向横置，两边地势高，中间地势较平坦，有一条 2 米的排水渠自南向北贯穿其中。从现场以及测绘图纸的情况来看，地块内用地现状情况较为复杂，区块有林地、草地等，土地并未得到完全利用。

注意事项：①稻田画画面主体应处在平整地块区域。②需对场地内的竹林、果树地块进行场地平整，避免遮挡视线。③地块周围仅有车行道，观景视线一般，考虑人流量、交通安全、观景视线等因素，建议搭设观景平台。④地块内有架空电缆，如需搭建观景平台，需进行规避。

“稻田画”景观的设计定位是“亲近自然，乐享稻园”，打造以充满童趣、梦幻稻田画为主的大地艺术和具有农业生产体验、农耕文化体验、亲子体验的多功能的稻田。

基于这一设计定位，稻田画的主题人物选择海绵宝宝和他的好朋友派大星（其他备选方案有小猪佩奇、南孔爷爷、运动衢州、十二生肖、乡村振兴等），对形象动作进行变换，结合紫色、黄色、白色水稻做细节填充。紫色水稻选用浙彩 4 号，黄色水稻选用浙彩 7 号，白色水稻选用浙大白彩，绿色水稻选用常规稻、杂交稻。由于彩色稻种库存量紧张，预备黄色稻种 50 千克，紫色稻种 100 千克，白色稻种 25 千克，根据 3 千克/亩稻种的用量来计算（经验值）。

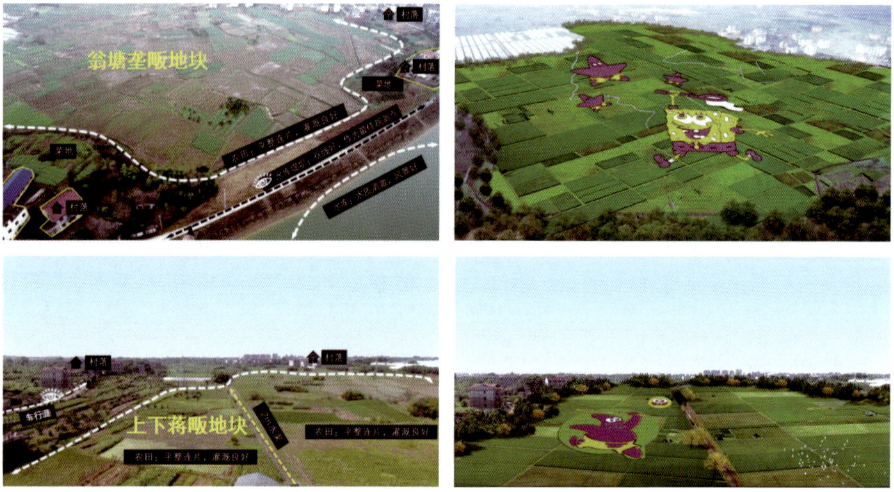

翁塘垄畈与上下蒋畈地块稻田画

翁塘垄畈地块黄色水稻面积 4 378 米^2（约 6.6 亩）、用种量 19.8 千克，紫色水稻面积 7 308 米^2（约 11.1 亩）、用种量 33.3 千克，白色水稻面积 1 392 米^2（约 2.1 亩）、用种量 6.3 千克；上下蒋畈地块黄色水稻面积 5 157 米^2（约 7.7 亩）、用种量 23.1 千克，紫色水稻面积 10 823 米^2（约 16.2 亩）、用种量

48.6 千克，白色水稻面积 2 500 米²（约 3.75 亩）、用种量 11.25 千克。通过方格网定位方向，以基准点为拉出网格定位，方格网间距 10 米，方便现场图案种植；基准点现场确定，翁塘垄畈地块 X 轴方向和水库堤坝方向平行，上下蒋畈地块 Y 轴方向和水渠方向平行；图案周围为绿色水稻种植区。

稻田画的种植流程为：

（1）稻种选育。观察水稻的株高和叶色，并做好记录。株高相差太大不容易使稻画成形，而黄叶片的水稻容易自然死亡，也不适合种植。只有通过筛选选择株高相似、生长健康的水稻，才适合做稻画。

（2）设计图案。稻田画的颜色以绿色、黄色、紫色为主。图案设计一般有著名画作、卡通动漫、商标 logo、名人画像、河山风景和标语，画作一般主题鲜明，内容积极向上，可实施性强。

（3）定点测绘。先全部机械播种常规绿色稻，方格放样（绳子）描绘图案，拔掉图案边线内的常规稻，再人工插秧彩色稻。

（4）种植秧苗。用插秧机种植大面积的绿色秧苗，彩色图案人工手插。栽种后大概需要两个月，才可呈现一幅美丽的图形。

（5）田间管理。从种植完成到收获期间，需要专员负责施肥、用药、灌溉，以保证秧苗同步生长，这样才能实现稻画的最佳效果。

旅游活动策划包括：举办插秧节（4～5 月）、收割节（10 月）、稻田婚礼（10 月）、稻田音乐节（10 月）、篝火晚会（4～11 月）、稻草人文化艺术节（9～10 月）、稻草人弓箭娱乐（9～10 月）等。还可以设计迷宫趣味活动，从种植时即依照模纹图案开垦田垄，营造出迷幻的迷宫。整个生长季及收获期都可开展迷宫活动，收割后可策划草垛迷宫。秋收后利用自动化稻草压捆机，将稻草打包成一块块“草垛砖”，用它堆叠成一个独具秋冬特色的五谷收获迷宫，平台高低错落有致，用一系列台阶相连，而路线的设置多样，也构成了在垂直方向上的三维迷宫，更加增加了趣味性。此外，在水边预留大草坪，结合 VR 技术，游客在这里将可以看到作物生长的整个过程，身临其境地去感受作物的生命历程。本案还提供了趣味景观小品、趣味景观灯、创意仿生灯的设计。

整个建设开发首先需要遵循“有围墙、无边界”的开发思路，在规划范围外，联合绿色产品集市、农产品精深加工等企业，完善产业链条，提高农产品的运营、辐射带动能力；其次，在产业发展上，需要“抓两端、带中间”，以销定产，构建与农民的利益联结机制，实现创新农村经济发展的目标。在产业链完善上，通过将政府的扶持资金、项目资金量化成股份，优先投资建设生产、物流等产业链关键节点项目，并寻找专业人才经营，进行日常管理，年底根据经营情况，村集体和投资企业按比例进行分红，使农民能够分享二三产业增值效应。在产业辐射带动上，建设投融资平台，围绕水稻、粮油产业、休闲民宿等业态，通过“资源变资产、资金变股金、农民变股东”，打造共享稻田、共享田园、共享市场、共享农庄，大力发展共享经济，使“农民变股民、消费者转变为投资者”，再次发挥万田乡的土地、劳动力、资产、自然风光等要素，让绿水青山变成真正的金山银山。

从稻田插秧时就开始进行推广，做详细的策划方案，整体销售推广分为众筹模式、预订模式、爱心抢购、续订模式 4 个阶段。同时，结合线上线下互动直播活动，以“微信公众号＋网上商城”“传统媒体宣传＋活动”“活动＋互联网直播”等方式，在目标区域和细分人群中形成热点。本案特别策划了“稻田共享＋互联网”的众筹模式、爱心抢购、预订续订模式等。

新安江综合保护工程彩绘田园种植方案专项汇报

项目位于浙江省杭州市建德市境内，分两个地块。

项目地块由于前期建设有儿童活动区、木栈道等，形似一条巨鲸。基于此，引发了本案的设计思考：或许是新安江 17 ℃的清凉世界吸引了来自深海的大鲸鱼，留恋新安江美景，不愿离开。

本项目结合杭黄高铁开通、黄饶半岛乡村振兴践行区建设以及大鲸鱼理念，打造一条高铁穿行的花海大鲸鱼，营造“来新安江看鲸鱼”的奇景。

因此，规划设计本项目的定位是：雾锁清秋 · 多彩新安——我们坐高铁去新安江看鲸鱼吧！

在新安奇雾中，打造一个“赏游结合、农旅融合发展”的多彩、热烈的花海景观，突出高铁时代的到来和高铁新区蓬勃发展的契机。周边整体山体、江水呈现冷色调特征，因此花海以暖色调为主，突出对比，打造热烈和丰收的氛围。

新安山水，雾锁清秋，彩绘田园，置身其中犹如在山水画中行进，体会诗情画意，感受 17 ℃的清凉世界。

种植方案采用“农业的基底，园林的手法”。

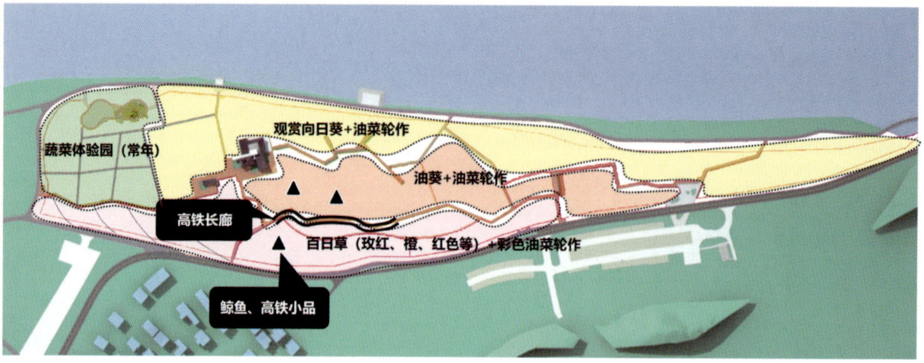

新安江综合保护工程彩绘田园总平面图

花海植物选择原则：从近期考虑，达成“国庆盛花”的花海景观，为农业旅游做支撑；从远期考虑，兼顾作物的经济性和养护的简易，以经济作物为主，兼顾观赏性，易养护、花期长的品种优先考虑。具体选用向日葵、油葵、百日草、蔬菜、农作物。

百米高铁长廊采用仿高铁外形的钢架结构，以五色草覆植。

高铁长廊与鲸鱼造型

营造“鲸鱼三看”——在山上向下看、走到游步道田间看、站在高铁廊架里框景看。

新安江综合保护工程彩绘田园鸟瞰图

作物种植安排：考虑到油葵的高度为1.5～1.8米，因此，油葵种植区域为架空栈道所在区域以及四象轩附近，其他区域种植观赏性向日葵，根据园路现状和栈道的形态成片种植。观赏型向日葵的主要品种为普拉多、莫内、玫瑰情和多头，根据颜色接近程度进行发散，其中道路入口区域选择颜色最鲜艳的玫瑰情品种。结合儿童活动区设置百日草（混播），营造乡野景观主题区域。其用种量为：观赏向日葵40千克、油葵40千克、百日草120千克。

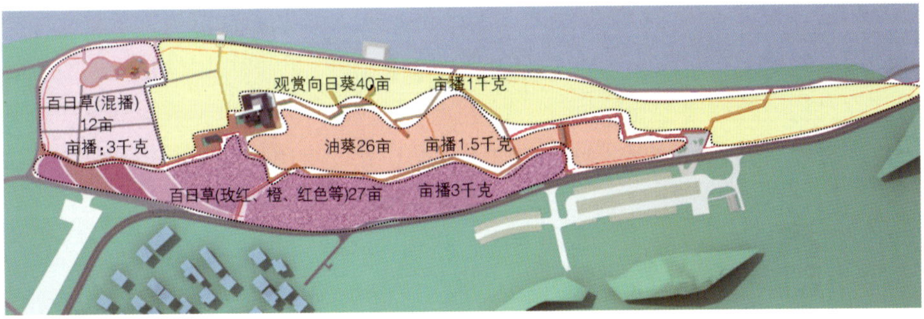

新安江综合保护工程彩绘田园种植布局

植物种类及特性如下表所示。

植物种类及特性

	种植时间	花期（盛花时间）	观赏特性	生态习性	土壤要求
油葵（高型1.5米）品种：美国矮多头油葵	7月上旬播种 9月下旬盛花	国庆盛花花期20天	花大，兼具经济效益	喜光，抗旱	沙质土区域可以长
观赏型向日葵（紫色花盘，高1.5米；矮生品种，高0.7米）	7月初播种 9月下旬盛花	国庆盛花花期近1个月	紫色花盘；多头，花量大	喜光，抗旱	沙质土区域可以长
百日草（玫红、橙、红色等）	7月初播种	8～11月观花（国庆盛花）	花期长，花色多样	耐贫瘠、耐干旱	忌积水
常规油菜、彩色油菜	11月播种	3～4月花开，花期近1个月	花为总状花序，黄绿色，朴实个性	长日照作物，性喜冷凉或较温暖的气候	对土壤要求不十分严格，适应沙土、黏土、红黄壤土等各种土质

注：①向日葵从播种到完全盛花约70天，观赏型向日葵盛花期近1个月，油葵盛花期约20天；②百日草从播种到开花约60天，花期可持续到11月中旬；③彩色油菜有白色、橘红、土黄、紫色等彩色油菜品种，花期近1个月。

在轮作安排上，采用“观赏向日葵＋油菜轮作/油葵＋油菜轮作”和“百日草＋彩色油菜轮作”。

观赏向日葵具有生产周期短、产花量高的特点，一年可以种植多批次，其观赏价值和经济价值也很可观。但它有一个致命弱点，就是不能连作，必须轮作，在种植一茬后需要轮换用地，种植其他作物，才可以再种植向日葵，否则不仅产量低、而且会遭遇严重的病虫害。而在新的土壤种植前，必须先将土壤消毒杀菌，以防止滋生病虫害。安排7月初种植向日葵，9～10月盛花，秋季收获。11月开始撒播油菜，经历寒霜、秋雨、冬雪后的油菜在翌年3～4月开花，5月收获。

百日草色彩选用玫红、橙、红色等，油菜色彩选用白色、土黄色、橘红色、紫色等。

蔬菜体验园的种植方案有3种，如下图所示（选择10月有农田景观效果的蔬菜种类进行种植）。

方案一（原农田肌理种植）　　方案二（百日草混播）　　方案三（同心圆种植）

蔬菜体验园种植方案

本案还提供了相关作物的种植技术要点。

严东关·卿梅湾田园共同体旅游规划

本项目基地位于杭州市建德市梅城镇严东关路南侧，地处“富春江—新安江—千岛湖”黄金旅游线中段，基地东北侧有一座跨江的三都大桥。梅城镇地处建德市东部，北枕乌龙山，南临“富春、新安、兰江”三江交汇处，是一座千年古镇，距今已有 1 700 多年历史，该镇依山傍水，风光秀丽，历史悠久、人杰地灵。

《建德县志》有这样一段叙述：建德城即严州城，俗称梅花城，以临江一段城墙半作梅花形故也。当地著名的“建德山梅”盛开在春末夏初，非常独特。著名文人杜牧、范仲淹、陆游、刘长卿都曾在此任职为官，诗人谢灵运、李白、孟浩然等都曾游历过梅城山水，为梅城留下了传唱千古的诗文佳作，增添了一份珍贵的文化遗产。中国著名的古典小说《水浒传》《儒林外史》《官场现形记》等都曾描述过梅城的人文山水。其中《水浒传》中“宋江攻打睦州城”以及衍生的民间故事“武松单臂擒方腊”的故事就发生在梅城。传说海龙王的五公主下凡来到人间，提出要酿造一种能健身治病的酒，凡人不知如何酿制，五公主便唱了一首歌，歌中道出 12 种中草药材的名称，凡人照此制作，终酿成五加皮酒。

规划原则：以农田保护利用开发为根本，合理开发原有农田，整治养殖水域；确保农旅融合项目落地可行，结合场地用地性质，科学规划建设；注重滨水空间公共服务功能，以江景为特色，提升沿江绿道功能；探索绿湾休闲文化业态创新，活化乡村固定资产，建设沿江田园综合体。

规划期：5年（2019—2023年），分两期完成。前期（2019—2021年）建设完成富春休闲体验区、江塘栈道风情区、沿江景观绿道的基础设施、商服设施，初步形成具备“吃、住、行、游、购、娱”功能的集中片区；后期（2022—2023年）建设完成田园文化研学区、绿色健康养生区的基础设施和商服设施，为园区植入更加丰富的产业模式和活动项目，提升整体品质。

规划定位：富春江畔综合性的康体农旅绿湾。

基本方向：以生态田园旅居为核心，以三产深度融合为亮点，以新型业态导入为动力。

设计目标：打造富春江农旅、度假新地标，打造沿江景观新轴线，打造农村资源综合治理新示范。

实施策略：创富春农旅新地标——创建以农田、荷塘为基础，田园景观、生产活动和农产品为特色的沿江地块田园共同体新格局，打造富春江康体度假新地标；绘富春江畔新画卷——充分利用富春江景观资源与旅游资源，配套绿道系统与沿江景观步道系统，共建共享开放式滨水空间，描绘富春江畔新景观画卷；建乡村振兴示范地——积极响应乡村振兴号召，促进三产融合发展，开展养殖水塘整治工作，激活农村闲置农房资源。

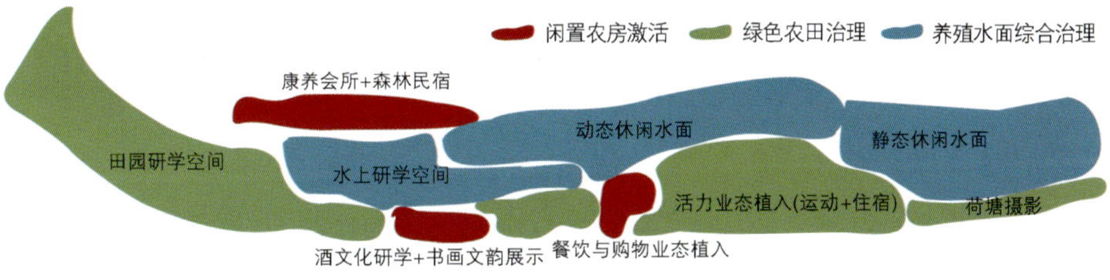

卿梅湾田园共同体功能分区

产业规划构思：①产业互动。把该地区打造成以湿地生态和自然生态为基础，以人文生态为精髓，以田园休闲旅游功能为主，集休闲、美食、观光、科普、艺术、体验等多功能于一体的旅游综合体。注重场地自身建设，同时与周边产业互动，带动区域产业链。②适度开发。对于基地相关项目的开发，在提倡适度建设的基础上，推进品质提升及相关经济效益，形成可持续的自然生态环境。③激发土地价值。和周边土地规划发展及区域整体规划相联系，优化内部结构，实现土地价值。分段解读城市诉求，分段布局梳理，实现城市整体提升。

空间布局：“一带·四区·多点”。

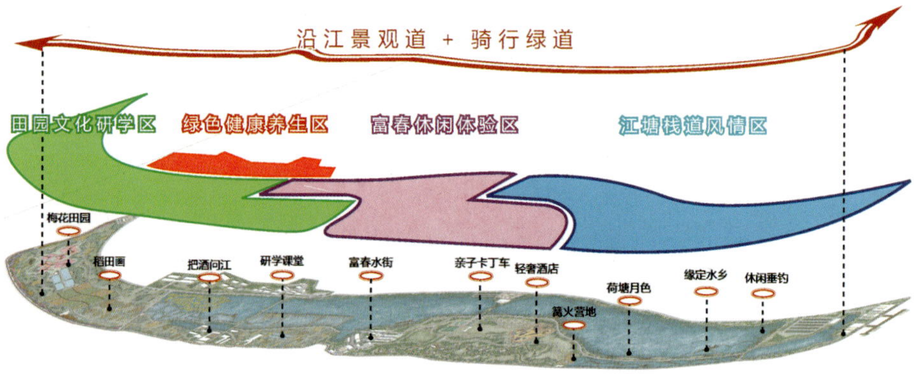

卿梅湾田园共同体空间布局

“一带”即江堤景观道；“四区”包括田园文化研学区、富春休闲体验区、江塘栈道风情区和绿色健康养生区；“多点”即多景点串联。

在“四区”中，田园文化研学区弘扬酒文化、农耕文化、诗词文化，以体验、科普为主，提倡健康的生活方式，植入丰富的文旅业态和研学业态，打造多彩的田园生活体验。其模式为“传统产业＋研学活动＋文旅配套”，包括果蔬创艺区、循环农业区、农业文化遗产区、自然教育区、酒文化区、诗词文化区、江水探秘区等。

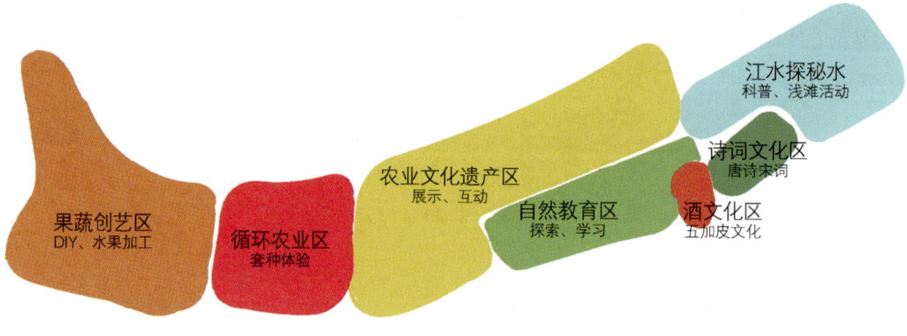

田园文化研学区活动策划分区

富春休闲体验区以渔家乐、富春水街、集装箱酒店、运动空间为核心吸引力，充分展现乡土文化，将餐饮、住宿、购物、运动等业态融合导入，充分展示地块的活力激情，打造富春江畔休闲产业平台。其模式为“业态植入+功能提升+度假田园”，包括富春水街区、酒店住宿区、水上激情区、草坪活力区等。

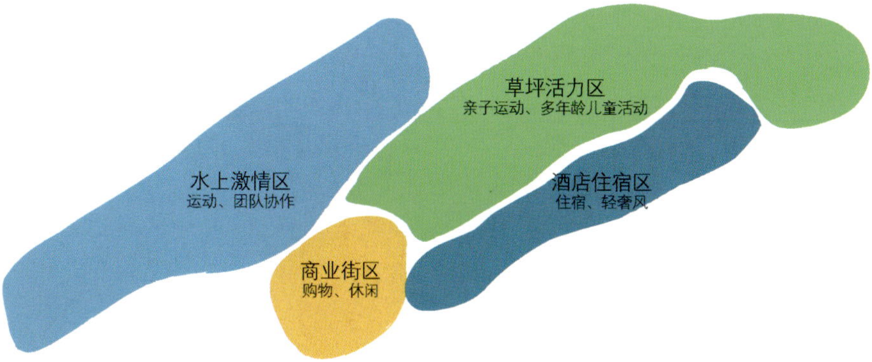

富春休闲体验区活动策划分区

江塘栈道风情区以富春江湿地资源为基础，以水上婚纱摄影、休闲垂钓、荷塘月色为核心元素，打造自然风光与休闲活动相融合的区块，并开展荷塘摄影大赛，宣传富春山水风光，带动当地旅游产业。其模式为“生态开发+景观营造+情景融合”，包括环湖游赏区、荷塘栈道区。

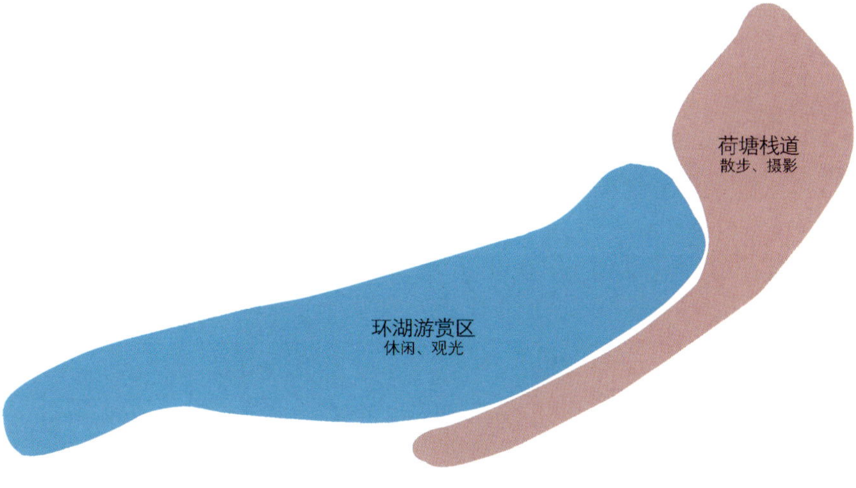

江塘栈道风情区活动策划分区

绿色健康养生区依托富春国家森林公园的天然绿色植被条件，在区块内设置太极禅院、绿氧民宿、药膳沙龙等有关健康产业的项目，为各个年龄段的客户提供一个宜居宜游、负氧离子高标准的康养片区。其模式为“生态宜居+养生项目+全民康养”，包括绿色度假区、休闲活动区等。

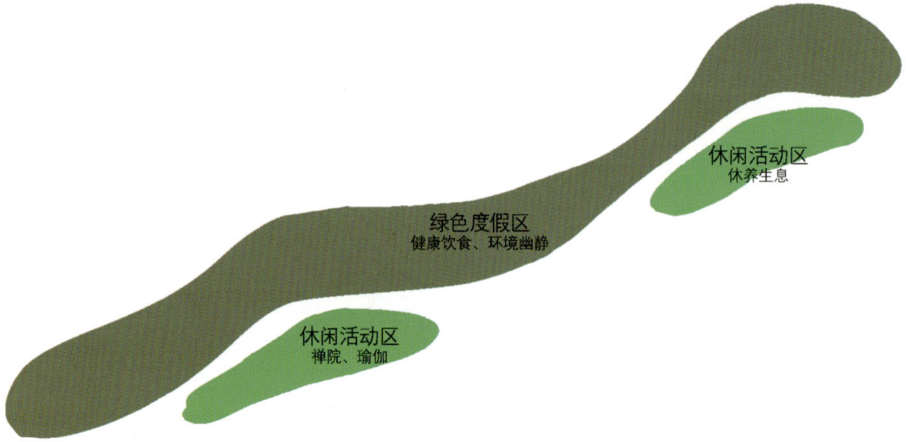

绿色健康养生区活动策划分区

本案还对绿道系统、建筑调控、铺装、绿化、植物空间分析、道路交通、公共设施、灯光、旅游策划、运营模式等做了专项规划。

投资估算：建设项目总投资约 100 230 万元，其中田园文化研学区 16 640 万元、富春休闲体验区 16 590 万元、江塘栈道风情区 2 700 万元、绿色健康养生区 15 800 万元、基础设施 48 500 万元。

武义温泉农业养生度假区规划设计

温泉农业是将温泉与农业种植、养殖相结合，利用温泉地热水和其中丰富的微量元素及矿物质进行温泉栽培和养殖。可以利用温泉水灌溉瓜果蔬菜，种植保健蔬菜；也可以利用温泉热能建立异形温室大棚，发展种植业（热带植物及热带水果）。

本项目位于浙江省武义县南部，是武义温泉旅游度假区核心区域，与武丽线、溪郭线、Y009线接壤，距离武义县城5千米，距离金华市30千米，面积约1 610 000米^2，交通便利。

项目定位：以浙江省农业科学院、浙江农林大学为技术依托，把基地建设成为以温泉农业为核心，以劳动体验、休闲旅游养生为主题，将创意农业产业与现代农业相结合的4A级农业休闲综合体。

发展战略：“二三三”——两大主导产业，三大农业主线，三大旅游主线。

两大主导产业：农业、休闲旅游体验。

三大农业发展主线：创意农业——温泉农业示范点、异形温室、奇花异果、热带植物；现代农业——生物科技应用、农业物联网基地、农产品加工贸易；休闲体验农业——农业活动体验、农居休闲度假、农耕年华农庄、花卉苗木示范基地。

三大旅游主线：家庭游——科普教育基地、家庭旅馆、美食基地、农耕年华；商务会议游——会议中心、会议酒店、拓展基地；自驾游——房车营地、文化厅、特色酒店、自行车营地。

规划原则：保留现有古建及文化遗迹；形成湖泊链，提升园区景观效果；设施升级或再发展，以此完善游客体验；营造良好的水体意境；发展湿地农业；用水隔离外围空间，营造园区私密性；融入更多顶级奢华设施供高端发展；通过景观设计和植物营造世外桃源的景色。

规划理念：四生六养。

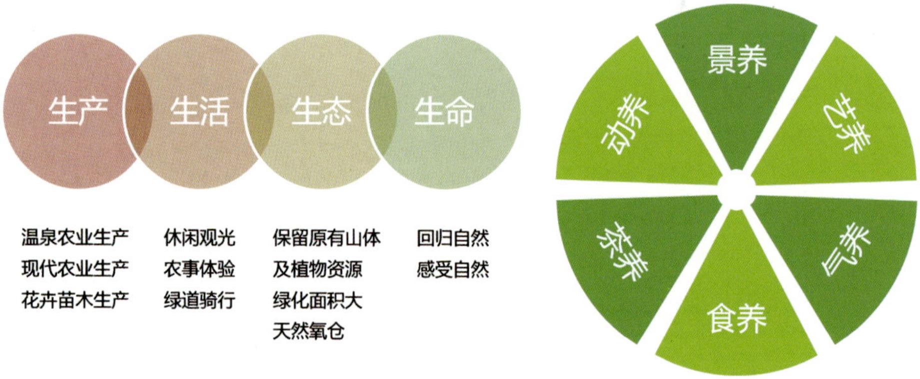

武义温泉农业养生度假区规划理念

规划结构：“一、二、三、四”模式。

“一轴”（水系规划）即以湖泊链为中心，创造一条由入口到山林的空间结构轴线，该轴线营造了一种由动到静的效果，由城市的喧嚣回归到自然的宁静，并且将主要功能区串联起来。

“两带”即公共活动带（面向社会大众开放）和私密活动带（高端客户群的消费活动）。

“三基地”即创意农业基地、现代农业基地、静养基地。

“四区”即观光娱乐区、文化展示区、农业耕作区及休闲体验区。几大片区围绕着农业体验、养生度假的主题构成完整的功能体系，不同的板块之间相互作用，从而提高效益，达到“整体价值大于部分之和，分区价值独特鲜明”的宗旨。

观光娱乐区包括主入口、生态停车场、换乘中心、农业时光走廊、农业文化展示厅、槭树林、标志塔、花山花海、茶山、疏林草地、驿站、香草产业

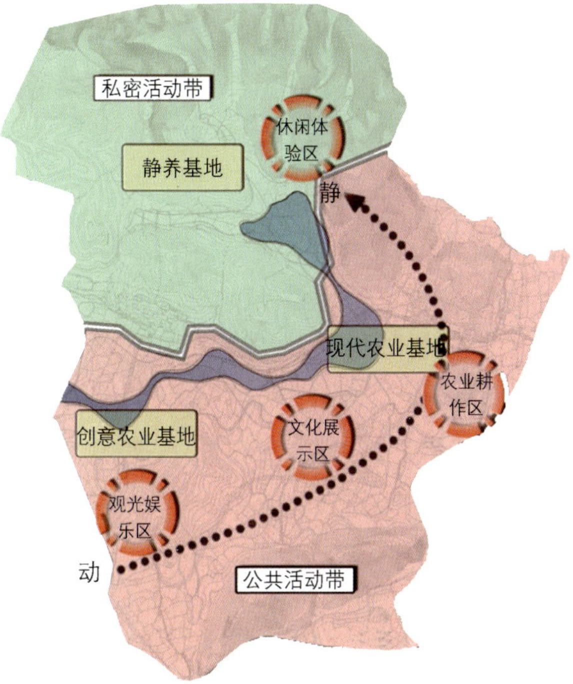

武义温泉农业养生度假区规划结构

园、创意温泉农业等。

文化展示区包括婺州窑遗址、文化展示厅、红豆杉林、红豆杉产品展示、观景亭等。

农业耕作区位于群山的西南侧，是农耕文化的体验天堂。该区域以农具、农作物、有益的动植物为主题，采用卡通、夸张的设计风格，整体以秋天丰收的色调为主，营造出神秘、欢快、热闹的氛围。具体包括次入口、房车营地、农耕体验、作物生产、马场、民宿、花厅、滨水茶室、逍遥坡、环翠苑等。

休闲体验区以自然、生态、休闲、怡情为规划设计目标，追求“生态健康、返璞归真”的理念。规划有蜜梨林、茶花专类园、临水茶山、竹林栈道、原有建筑修复、民宿、户外拓展、趣味树屋群、风情帐篷营、精心养生堂等特色景点，计划营建一个“生态健全、身心健康、景观优美、文化优秀”的休闲环境，让人由热闹和喧嚣中回归自然、体验宁静。项目具体包括蜜梨林、景观塔、植物展示、竹林栈道、民国古建、民宿、户外拓展、风情帐篷营、红豆杉、静心养生堂等。

农业分区：以农业为主题，将园区主要分为花卉苗木生产区（群葩香来）、

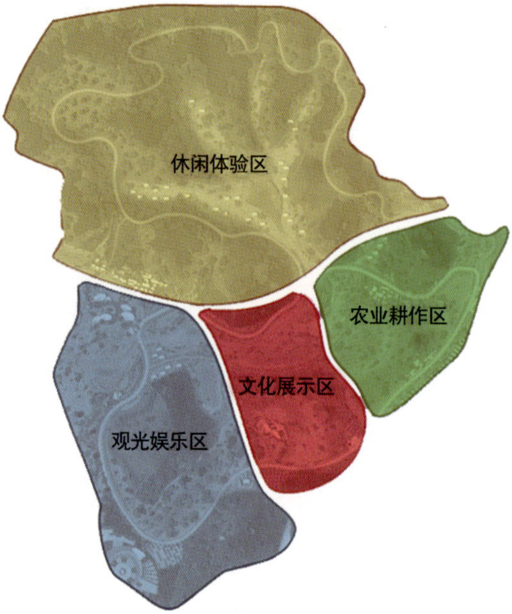

武义温泉农业养生度假区功能分区

现代农业生产区（绿稻敛实）、湿地农业区（白云泽梦）及创意温泉农业区（锦泉花屿）。各区之间互相联系，以求效益最大化。具体包括绿道敛实、群葩香来、白云泽梦、锦泉花屿 4 个区块。

道路规划：园区道路采用四级道路标准，主要分为主干道、次干道、绿道以及游步道。园区内的道路原则上不允许机动车行驶，统一由飞神公司内部的绿色电动能源车运送游客。

土地利用：根据不同的功能，将园区内的用地分为创意农业用地、现代农业用地、文物古迹用地、公共及基础配套用地、文化娱乐用地及绿地。各片用地之间相互协同，力求实现利益最大化。

浏览路线：园区以休闲观光为核心，结合休闲游览，规划的游览线路将园区内所有的景点、节点、重要功能区有机串联起来。核心游览道连接园区的核心区域及节点；生态游步道可让游客尽情体验田园风光；园区主要环路将动、静两区结合起来，适合骑行。

景观风貌：园区景观风貌以大量农业和生态用地为基础，将人工景观要素有机融合到自然景观背景中，形成“区、廊、轴、点”的整体景观风貌体系。

景观分区：方案将园区划分为自然山体景观区、半自然半人工景观区、人工景观区。

景观廊道：景观廊道主要分布在自然景观区与半自然半人工景观区接触的地区，目的是实现自然景观要素向半自然景观区的渗透。

景观轴线：方案沿园区主要道路形成景观轴线。

景观节点：方案在主要功能节点和交通节点形成景观节点。

武义温泉农业养生度假区鸟瞰图

投资估算：总投资 24 885 万元。具体项目预算如下表所示。

项目投资估算表

项目名称	单　　价	数　　量	总价（万元）
建筑用地	3 500 元/米^2	8 300	290.5
植物绿化			
花山花海	50 元/米^2	39 150	195.8
槭树林	600 元/株	1 200	72
疏林草地、温室公园	800 元/米^2	119 000	9 520
农作用地	150 元/米^2	494 975	7 424
水域土方	200 元/米^2	52 552	1 051
园路铺装	200 元/米^2	63 059	1 262
异形温室	4 000 元/米^2	2 670	1 068
土建工程			
驳岸，观景台	450 元/米^2	900	40.5
栈道	260 元/米^2	1 365	354.9

（续）

项目名称	单　价	数　量	总价（万元）
观景亭	80 000 元/个	4	32
停车场	4 000 元/米	3 800	1 520
山体面积		783 553	
建设管理费	以上各项总和的 4%		913.2
不可预见费	以上各项总和的 5%		1 141.5
总计			24 885.4

生态效益：保护性开发——以生态保护为前提进行开发，保留、修复、创建优越的湿地生态环境。积极优化——通过景区的整理和打造，以及创意农业和现代农业系统的构建，进一步优化提升项目的生态环境体系。可持续发展——保证项目的生态平衡和生态系统的良性高效循环，促进区域经济持续稳定发展。

社会效益：城市层面——通过打造 4A 级景区，提升城市形象和城市化水平，拉动区域经济发展，提供多元就业岗位。产业层面——农业及休闲体验产业升级，导入创意等相关产业，形成网络化的产业体系，推动区域产业的多元化发展。税收层面——农业及相关配套产业发展均为地方财政税收带来大幅提升。民生层面——产业发展产生大量职位空缺，农业产业升级为农民增收创造条件。

特色农业强镇

TESE NONGYE QIANGZHEN

舟山市定海区
小沙街道特色农业强镇项目

小沙街道位于定海西北部，包括原小沙镇和长白乡两部分，以长白水道为隔，东临马岙，南靠双桥，西接岑港，北与岱山双合（两头洞）隔海相望，其中长白岛南部建有长白渡口，配套小沙海丰码头，是长白对外客货航运的主要通道。小沙街道是“浙江省省级文明镇（街道）”。

规划范围：小沙街道全域包括光华、庙桥、东风、毛峙、大沙、青岙、增辉、三龙、前湾、后岸 10 个社区，陆域面积 57.8 千米^2。

规划期限：2017—2019 年。

指导思想：以“创新、协调、绿色、开放、共享”五大发展理念为指引，深入推进农业供给侧结构性改革，以促进农业发展方式转变为主线，以创建特色农业强镇为抓手，以完善利益联结机制为核心，以制度、技术和商业模式创新为动力，在农业绿化、农村美化、农民转化上下功夫，厚植现代农业发展新优势，推进农村一二三产业融合发展，促进农业增效、农民增收和农村增绿，努力把小沙建设成为高效生态、特色精品、绿色安全的高质量、高水平现代农业强省建设的先行区和示范区。

基本原则：市场导向，特色发展；生态优先，绿色发展；产镇联动，融合发展；深化改革，创新发展；全面协调，统筹发展。

发展定位：小沙街道特色农业强镇的发展按照“集聚、特色、精品”的要求，围绕“主导产业强、生态环境美、农耕文化深、农旅融合紧”的建设目标，以开发农业多种功能，促进农村一二三产业融合发展为主线，积极推进小沙特色果蔬产业，以休闲生态农业与海岛乡村游融合发展为重点，依托小沙独特的生态资源优势和历史文化内涵，加快完善城镇服务功能，集约利用资源要素，努力实现农业统筹发展、联动发展、绿色发展、高效发展、持续发展，将小沙打造成产镇融合、“三生”协调、“三农”发展的海岛特色农业强镇。

建设目标：以产业建构、规划引领、项目推进和营运策划的系统发展理念，实现小沙整体持续互动发展，全面推进生产基地化、经营产业化、产品优质化、手段智慧化、田园美丽化。通过开发农业多功能，加快发展休闲、创意农业，促进生产、消费、体验互动，实现“三生”有机融合和“三农”统筹发展，使其主导产业强、生态环境美、农耕文化深、农旅融合紧、生产方式优、科技水平高、公共服务强、经营机制好。

功能布局：按照小沙街道新一轮发展战略规划要求，结合《浙江农业产业集聚区和特色农业强镇建设实施方案》与《农业产业集聚区和特色农业强镇创建导则》文件精神，小沙街道特色农业强镇将按照“一心四区”进行规划。

“一心”即农旅综合服务中心，规划于大沙村区域，为整个片区的核心点。农旅综合服务中心在现有民居的基础上进行改造设计，是集游客咨询、商品展销、电子商务、宣传展示、应急求助、医疗救助、特殊人群帮扶等功能于一体的服务中心。

“四区”即杨梅文化体验区、现代农业观光区、民俗休闲体验区、保育休闲度假区。

杨梅文化体验区以沈毕家村的千亩杨梅为依托，发展具有舟山文化特色的国际杨梅博览园。项目建成后形成一个以多品种种质资源为优势，绿色果品采摘为特色，田园休闲观光为一体的多功能休闲生态农业采摘园、观光农业旅游园、国际杨梅博览园及科普教育和农业科技采摘园，从而实现一二三产业的融合，并达到生态效益、经济效益和社会效益三者的统一。

现代农业示范区包含增辉社区 1 200 亩、大沙社区 1 300 亩、青岱社区 1 000 亩、庙桥社区 500 亩、滨海社区 300 亩和光华社区 500 亩。该示范区是以现代产业发展理念为指导，以新型农民为主体，以现代科学技术和物质装备为支撑，采用现代经营管理方式的可持续发展的现代海岛农业示范区域，具有产业布局合理、组织方式先进、资源利用高效、供给保障安全、综合效益显著的特征。

民俗休闲体验区的范围为小沙街道主要村落，通过打造主要村落街景，把现有民居在现有特色的基础上进行提升、改造和创新，融合餐饮、居住、乡村休闲等元素，形成“民宿＋海岛农业生态游”的商业模式。从街道到房间设计，完整呈现农村的生活风情，利用舟山海岛文化、民俗文化以及周围大自然的环境背景，开发海岛特色民宿集群。

规划范围的剩余部分以生态保育为主，即保育休闲度假区。该区域在现有资源的基础上保护与复育整体的环境与资源，为今后小沙的建设打下坚实的基础。

投资估算：项目总投资估算 8 587 万元。其中特色农业产业项目 2 257 万元、基础设施建设项目 3 100 万元、三产融合发展项目 3 000 万元、公共服务中心建设项目 30 万元、浓郁小沙品牌提升项目 200 万元。

小沙游客服务中心效果图

经济效益：通过特色农业强镇创建，大力发展精品农业、休闲农业、创意农业，有效拓展农业功能，提升产业价值链，培育农业新的增长点，促进农业增效、农民增收。预计到 2019 年农林牧渔业总产值达 3.3 亿元，年均增长 10%左右，其中休闲生态农业实现年产值约 6 000 万元；农村人均收入达到 32 000 元左右，年均增长 10%。

社会效益：本项目社会效益十分显著。一是农业特色强镇的建设，对当地发展主导优势产业具有良好的示范和推动作用，有利于优化小沙街道农业产业结构，提高农产品品质和科技含量，增强全市农产品在国内外市场的竞争力。二是小沙街道农业休闲观光产业的建设为城乡居民提供了一个良好的休闲旅游场所。三是通过建设农产品加工区，可以带动相关产业的生产、加工、包装、销售等产业的发展，形成以海岛特色果蔬为主导，以“浓郁小沙”农业品牌为发展平台，贸工农一体化、产加销一条龙的发展格局，推进小沙街道经济转型升级。四是通过拓展第二、第三产业，在仓储、冷藏、加工、流通各环节增加了就业岗位，带动农民增收致富。

生态效益：通过农田水利、土地、河网、道路和周边环境的统一规划改造与综合治理，积极推广绿色无公害农产品生产技术，实施无害化生产，严把生产投入品的质量关，严格控制化肥、农药的施用，杜绝使用高毒、高残留化学农药；推行配方肥料，提高肥料利用率，防止农业面源污染，提高水资源利用率；严禁丢弃或焚烧，对废弃设施覆盖物回收再利用，促进循环农业发展，使经济效益和生态效益两者相得益彰。

海盐县澉浦镇果蔬特色农业强镇建设规划（2018—2020年）

海盐县地处杭州湾跨海大桥北岸、沪杭苏甬区域门户城市1小时交通圈中心，乃长三角交通神经中枢之一，区位条件十分优越。海盐县经济发达，文化底蕴深厚，素以“鱼米之乡、丝绸之府、礼仪之邦、旅游之地”著称，连续多年入选中国百强县榜单。全县辖5镇4街道，常住人口43万人，行政村105个，农户8.47万户，耕地面积39.7万亩。2016年全年实现生产总值407.76亿元，三次产业比为5.3∶58.4∶36.3。

澉浦镇位于海盐县南部，西靠海宁市，南傍杭州湾，钱江潮源在此形成，具有千年文化底蕴，景观资源与文化资源十分丰富。澉浦是省级中心镇、嘉兴市第一批小城市培育试点镇，浙江首批“千年古镇”“省级森林城镇”及省级美丽乡村建设示范镇，国家4A级旅游风景区南北湖与“浙江第一古刹”金粟寺坐落其中，多个影视基地在此落成。全镇区域面积77.6千米^2，2017年全镇实现生产总值19.92亿元，三产比例为15.06∶49.45∶35.49，全年财政总收入达 1.88 亿元；全年接待国内外游客 253.1 万人次，实现旅游收入 21 亿元，成为全县休闲旅游产业的核心区与领航区；农村居民人均纯收入达 31 887 元。

本次规划范围为澉浦镇行政管辖范围内的全部土地，包括澉浦、镇中、澉东、澉南、南北湖、永乐、六里、六忠、永新、保山、茶院、紫金山、南山 13 个行政村和 2 个居委会，土地总面积 11 542.20 公顷。

规划期限： 2018—2020 年。

发展定位： "浙北硒谷·养生澉浦"。以特色农业强镇建设为重要抓手与契机，依托果蔬产业的优势及天然富硒耕地、南北湖山水资源、全省首批千年古镇等多种珍稀的资源，以南北湖为核心区，有序提升全镇环境卫生、接待能力、基础服务、休闲娱乐等方面的基础设施建设水平，发展一批精品民宿与现代化多功能农庄，积极承接外来养生养老的澉浦新居民。打响"浙北硒谷·养生澉浦"金名片，打造浙北精品果蔬产业化生产基地和天然富硒绿色大米全产业链，并将健康养生产业培育成全镇最富活力与发展潜力的新型经济增长点。

三大发展战略：

（1）精品化发展战略。 科学判断农产品市场分级定位，立足 2.5 万亩的果蔬高标准农田及 2 万亩左右的珍稀天然富硒耕地资源，加上澉浦镇良好的生态环境，瞄准沪杭甬等大中城市高端消费人群对健康与功能性食品的强劲需求。大力清洁农业生产环境，全面推广农业标准化生产，建立健全农产品质量安全追溯体系，确保绿色农产品安全生产。依托农业龙头企业的产业化带动作用，打造绿色精品农产品专属销售渠道，走差异化营销路线，实现富硒精品果蔬农产品的内在价值，带动广大农民增收致富，助力农业发展迈上新台阶。

（2）品牌化发展战略。 充分认识品牌建设在现代农业发展中的价值及其在市场识别与稳固客户等方面的重要作用，把品牌建设作为提升全镇农业竞争力的主抓手，大力培育系列农业品牌，并在 3 年内做响做强。以良好的产业化联结机制为手段，以提升农产品质量的稳定性与均一性为主线，严格执行绿色农产品生产标准，融合地方自然资源与传统文化资源，致力于培育农业区域公共品牌，借助地域的知名度提升公共品牌的知名度。统筹区域公共品牌的建设、运营和保护，加强资源整合，用品牌化发展推进全镇农业能级跃升。

（3）一体化发展战略。 积极顺应发展形势变化，大力转变发展思维，加快促进农业生产与相关二三产业融合化发展，借力南北湖国家 4A 级旅游景区与浙江千年古镇等旅游文化资源，将果蔬产业与旅游相结合，将富硒特色农业作为旅游产业发展的一部分进行谋划，积极抢占物流加工、休闲旅游、健康养生等涉农二三产业价值富集高地。加大新型复合式农业人才的培育，积极推动地产地消费型农业发展，育成一批多功能的现代农业园区，通过融合发展，打造农业新型增长途径。

建设目标：通过完善体制、创新机制、集中财力，经过 3 年左右时间的建设，把澉浦镇果蔬特色农业强镇打造为主导产业突出、产品档次高端、主体育成有序、产业链条健全、农耕文化深厚、农旅融合发展的农业供给侧结构性改革的样板区，农民普遍增收、农业基本转型、农村大力振兴的领航区。基本打响“黄沙坞”品牌、“南北湖·珍硒”大米品牌、“浙北硒谷·养生澉浦”金名片，成功振兴“黄沙坞”柑橘品牌；成功打造浙北精品果蔬产业化生产基地，建立“果蔬产业＋休闲旅游业”“富硒农业＋健康养生业”新型经济增长路径。至特色农业强镇建成年，即 2020 年，全镇农林牧渔业生产总产值新增加 1 亿元左右，国内外旅游人次达 300 万以上，旅游总收入达 30 亿元以上，农民户均增收 9 500 元。努力建成农业供给侧结构性改革的样板区。

空间结构：“一带、两链”。

“一带”指现代农业产业融合带。一二三产业互融互动，通过各个产业的相互渗透融合，把休闲娱乐、养生度假、文化艺术、农业技术、农副产品、农耕活动等有机结合起来，拓展现代农业原有的研发、生产、加工、销售产业链，使传统的功能单一的农业及加工食用的农产品成为现代生活方式的载体，发挥产业价值的乘数效应。

“两链”即特色果蔬产业链及富硒稻米产业链。

澉浦不仅生态环境优良，而且气候与水土条件十分适宜林果、蔬菜产业的发展，拥有“黄沙坞”柑橘知名产品，在整个嘉兴地区享有较高知名度。在打造特色果蔬产业链方面，围绕“振兴、发展、做强柑橘产业”这条主线，按照“安全、特色、精品”的要求，在紫金山至南北湖一带，依托现有水果种植企业重点发展精品柑橘，着力提升柑橘产业的适度规模化、标准化、绿色化、集聚化、品牌化发展水平，做响做强“黄沙坞”品牌。在紫金山村一带重点发展樱桃、蓝莓、红心火龙果、桃、梨等中小名品林果与功能性林果，进一步推动蔬菜产业区域化、适度规模化发展，大力提高蔬菜机械化种植程度。通过建设发展与完善联结机制，提升浙江润力农业科技有限公司、南北湖旅游投资有限公司与“黄沙坞”柑橘合作社的市场带动能力，重振南北湖“黄沙坞”柑橘的市场雄风，育成一批农旅融合的精品果蔬现代化园区，将澉浦打造为浙北精品果蔬产业化生产基地。

在打造富硒稻米产业链方面，立足于全镇珍稀的富硒耕地资源，以长三角地区沪杭甬等大中城市为首要目标市场，全面推行富硒水稻绿色产品标准化生产，大力培育南北湖富硒大米公共品牌，适时申请国家地理标志农产品，育成

2个以上实力强劲的产业化龙头企业，走超市专柜、官方旗舰店、专卖店、旅游产品等特色化销售路线。力争在3年时间内成功打造浙北硒谷绿色大米全产业链，充分展示富硒大米的附加价值，并以此为契机带动全县大米加工业的发展。

三大功能板块：果蔬核心生产板块、富硒水稻核心生产板块、农旅融合板块。

四大功能分区：①生产功能区，包括果蔬核心生产功能区和富硒水稻核心生产功能区，以提高品质、优化结构、生态循环为核心，坚持果蔬产业标准化生产。②加工物流功能区，以粮食初加工、蔬菜水果加工、养生中药材加工为主，重点利用当地优质柑橘、蔬菜等产品，加工果汁、蔬菜汁、果蔬混合饮品等健康食品。依托强大的物流配送服务，配送到其他地区。③综合服务功能区，主要布局在溆浦集镇以及各个行政村，主要依托镇村公共服务中心，提供农业技术推广、农业政策法规宣传、土地流转及农村金融等方面的服务。④农旅融合功能区，重点发展区集中在南北湖风景区、镇域南端以及北部茶院村，打造柑橘文化园，建设美丽乡村，重点提升全镇农耕文化展示能力与综合服务能力。

投资估算：果蔬农业特色农业强镇建设三年总投资23 100万元，其中财政投资8 445万元、经营主体投资14 655万元。从投资内容看，基础设施建设、改造与提升环节投资2 600万元，现代农业生产园区建设投资6 300万元，区域公共品牌培育投资300万元，农产品加工物流投资2 300万元，农旅融合项目投资11 600万元，各项投资分别占总新增投资额的11.255%、27.273%、1.299%、9.957%和50.216%。

溆浦镇果蔬特色农业强镇种植基地效果图

经济效益：澉浦镇通过果蔬特色农业强镇建设，全面转变农业发展方式，建立健全果蔬全产业链与富硒稻米产业链，大力拓展富硒农业的多种功能，成功打造“果蔬产业＋休闲旅游业”“富硒农业＋健康养生业”新经济增长业态。预期通过3年的建设，即到2020年年底，形成一批蔬菜、水果、水稻产业专业村，全镇水稻与水果亩产值翻番，即水稻亩产值由当前的1 600元左右增加到3 500元以上、总产值由2 720万元增加到5 950万元；水果亩产值由当前的5 000元增加到1万元左右、总产值由8 000万元增加到13 000万元；蔬菜亩产值由当前的1 300元增加到2 200元左右，蔬菜亩产值增长30%以上，总产值由6 000万元增加到7 800万元以上；三大主导产业产值占比达到70%以上。果蔬全产业链与富硒稻米产业链基本建立健全，农业增效环节逐步向加工、物流、休闲、养生等二三产业的各个环节拓展。特色农业强镇年接待游客300万人次以上，营业收入达30亿元以上，直接经济效益十分显著。

社会效益：果蔬特色农业强镇建设将在农民增收、主体培育、技术扩散、农业转型等多个方面取得良好的社会效益。首先，将有效促进广大农民增收，预计将带动全镇5 000户左右的农民户均增收13 000元，共计6 500万元，农民广泛增收且增收效果较好。其次，将育成一批新型农业经营主体，新增市级、县级农业龙头企业各1家，规范化农民专业合作社2家，家庭农场2个，农庄2个，重点大户5个；水稻适度规模化生产率达到70%。再次，将加快农业“三新”技术扩散，强镇内良种覆盖率将达85%以上，科技贡献率将达65%以上，水稻产业关键环节全部实现机械化，设施化、智能化、生态循环农业技术广泛应用。最后，将提升主导产业的发展功能，功能分区持续优化，产业布局更加科学，产业链条建立健全，农村产业融合良好，主导产业更加清晰，发展短板得到有效弥补。

生态效益：果蔬特色农业强镇强调可持续发展，将与美丽乡村建设紧密结合，加强资源的合理开发利用，注重生态环境保护与绿色技术的推广应用，有利于放大澉浦绿水青山的生态优势。首先，严格遵守发展规划，立足资源禀赋，优化产业功能布局，发展多种形式的生态循环农业，提高全镇农业的可持续发展能力与资源的可持续利用能力。其次，通过基础设施改造提升与综合服务能力提升，清洁田园、美化村庄、提升环境。最后，园区化项目将通过发展沃土工程、保护性耕作制度、节水减药等环境友好型农业，广泛推广绿色农产品生产方式，提高土壤的有机质含量，改善土壤的理化形状，农业生产环境负担将大幅下降，进而使农业整体生态环境得到改善。

新塍田园综合体建设规划
（2017—2019 年）

嘉兴市秀洲区位于浙江省东北部、杭嘉湖平原核心腹地，是长三角重要城市之一，也是中国共产党的诞生地。秀洲自然资源禀赋良好，素有“鱼米之乡、丝绸之府”的美誉，社会环境和谐稳定，是全国治安综合治理先进县（市、区），连续 12 年获得省级平安区荣誉。新塍古称“新城”，坐落于嘉兴市秀洲区西北部，始建于唐会昌元年（公元 841 年），有着深厚的历史底蕴。

指导思想：紧紧围绕习总书记“绿水青山就是金山银山”及“八八战略”重要精神，以“创新、协调、绿色、开放、共享”五大发展理念为引领，以推进农业供给侧结构性改革为主线，加快转变农业发展方式，着力构建生产体系、产业体系、经营体系、生态体系、服务体系、运行体系六大支撑体系，实现农村生产生活生态“三生同步”、一二三产业“三产融合”、农业文化旅游“三位一体”，进一步做好基础设施建设，补齐公共服务领域的短板，积极探索体制机制改革创新，逐步建成以农民合作社为主要载体，让农民充分参与和收益，集循环农业、创意农业、农事体验于一体的田园综合体。

规划范围：项目区位于秀洲区新塍镇八字片（原八字乡）区，涉及陡门村、万民村、潘家浜村、火炬村4个村，规划总面积21.25千米^2，其中耕地面积1.29万亩。

规划期限：规划基准年为2016年，规划期限3年，即2017年11月至2020年12月。

总体定位：依托新塍镇现有自然资源、人文资源和产业资源，优化产业结构，推行绿色生产，大力发展农产品深加工，做优粮油主导产业；大力发展冷链配送、电子商务，做精水果特色产业；以“农民增收、农业增效、农村增美”为发展宗旨，将新塍田园综合体全面打造成“浙北粮仓·田园古乡”的省级农业综合开发田园综合体。

建设目标：紧紧围绕“村庄美、产业兴、农民富、环境优”的总目标，重点培育精品粮油、特色水果两大产业，突出农旅结合和养生古镇，延伸产业链，提升价值链，推进农业“三产融合”发展。通过3年田园综合体建设，增加农民的收益收入，增强农业的供给活力，调优农产品品种品质，挖掘农业的休闲体验功能，构建农居循环社区，切实提升镇村环境，有效保护田园生态。到2020年，力争在产业发展、公共服务、土地利用、投入机制、治理机制等方面取得显著进展，农业产品结构、产业结构、区域结构明显优化，农业现代化建设走在全省前列，全镇农林牧渔业总产值9.07亿元，农业增加值年均增长5%；农村居民人均纯收入35 200元以上，年均增长8%以上；3年累计投资额3.2亿元；年旅游人数50万人次以上。通过3年建设，新塍田园综合体将培育农业龙头企业6家，带动发展新型经营主体32家，催生农产品互联网星创天地创客50家，联结带动农户1 500户，新增就业岗位1 200人，增加农民工资性收入6 000万元，户均增收4 000元。到2020年，新塍田园综合体将建设成为融现代农业、休闲农旅、田园社区为一体的“现代化田园古乡”。

功能分区：通过对新塍镇现状资源分布及其特征的研究，以及对各开发主体现建设情况、未来发展需求和现实问题的剖析，结合新塍镇土地综合整治、城乡一体化新社区建设，本次规划提出“一带、一路、两链、三区”的空间布局结构。

“一带”即现代农业产业融合带，建设位置在524国道沿线。通过串联不同产业类型，形成农业区域化布局、专业化生产，促进粮经饲统筹、种养加一体、一二三产业深度融合发展。

“一路”即新塍镇美丽乡村精品线路。串联沿线美丽乡村潘家浜、江南休博园、新塍美食等乡土景点，通过潘家浜村、新庄村、万民村、天福村4村沿线道路和围墙修复美化亮化、园林景观绿化、主要景点设施添置、七彩马拉松彩绘及村庄卫生整治，促进农村农宅农道美化；串联新塍田园综合体区域内遗

田园综合体

TIANYUAN ZONGHETI

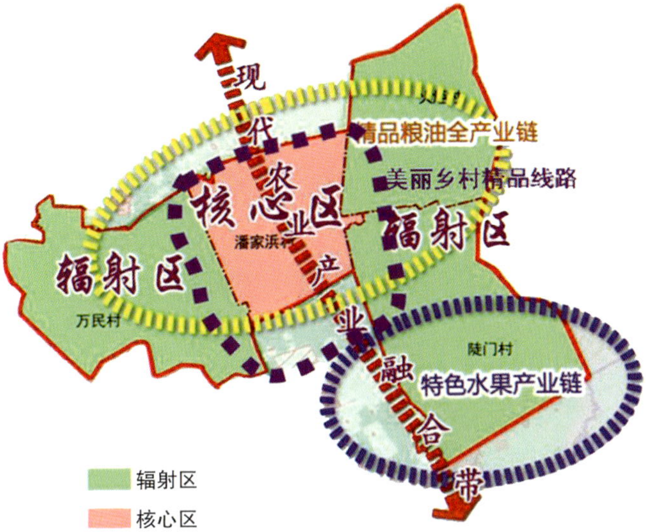

新塍田园综合体功能布局

存古迹、文化残存、风味美食及现代农业新气象、新产品、新风貌、新景观，大力发展农旅产业，促进新塍田园综合体整局发展。

“两链”即精品粮油全产业链和特色水果产业链。其一为精品粮油全产业链。精品粮油是新塍镇的优势主导产业，采取建设良田、应用良种、推广良法、配套良机、推行良制“五良”配套综合措施，因地制宜发展水稻、油菜等经济型粮油作物，依托金福米业和新塍油厂等龙头企业，发展稻米和油菜籽精深加工及营销，开发粮油精品，提高粮食生产效益。利用秸秆种植草菇、双孢菇，完成农业生态的良性循环。除此之外，发展观光娱乐、餐饮、科普、劳作体验，展现新塍的农耕文化。精品粮油全产业链主要包括稻米全产业、油菜产业、秸秆—食用菌—芦笋生态循环产业等。

其二为特色水果产业链。水果产业是新塍镇的特色产业，建立一批无公害特色水果（油桃、火龙果、蓝梅、葡萄）新品种应用基地和现代设施示范基地，全面推行标准化生产，提高特色水果的市场竞争力，发展深加工，提高经济价值。同时充分发挥果园的经济、观赏、体验、休闲、科教价值，发展果园采摘，有效带动农民增收、农业增效。特色水果产业链主要包括精品油桃产业、优质葡萄产业、特色小水果产业、蚕—桑—果蔬生态循环产业等。

“三区”即特色水果精品区、高产粮油示范区和生态功能休闲区。其一为特色水果精品区，建设位置在陡门村。重点打造陡门火龙果休闲园、台湾精品水果园、竣辉果蔬生态园、诚商四季水果园等一系列特色水果精品园，使整个区域形成具有经济、观赏、体验、休闲、科教价值，能有效带动农民增收、农业增效的特色水果精品区。

其二为高产粮油示范区，建设位置在火炬村。建设 1 200 亩高标准精品粮油示范基地，融入彩色水稻、油菜花海等创意农业项目，发展体验、观光、摄影、婚庆等展现新塍古镇深厚农耕文化底蕴的农旅产业。通过火炬村精品粮油股权合作试点项目，壮大村级集体经济，增加邻近农民收益，降低种粮种油大户的种植风险，使米油企业初级农产品质量和数量得到有力保障，从而探索并总结出“农发+股权（粮油合作）”支农改革创新模式。

其三为生态休闲功能区，建设位置在潘家浜村、万民村。该功能区集循环农业、创意农业、农事体验于一体，紧紧依托精品粮油全产业链和特色水果产业链两大主导产业，发展服务创新、改革创新，建成泰丰蓝莓文化园、潘家浜农耕文化体验园、农旅民宿项目及新塍镇美丽乡村精品线路建设等能推进一二三产业融合发展的项目，是农村生产生活“三生同步”、一二三产业“三产融合”、农业文化旅游“三位一体”建设最集中的地区，承载着生态保护、农民增收、农业发展等重要功能，具有一定的集聚效应，并对周边地区产生辐射作用。

投资估算：新塍田园综合体项目实施年限为 2017 年 11 月至 2020 年 12 月，计划投资约 3.2 亿元，其中财政资金投入约 1.5 亿元，约占总投资额的 46.9%，企业（农民）建设主体自筹资金投入约 1.7 亿元，约占总投资额的 53.1%。

花秀江南休闲观光农业园效果（新塍镇人民政府提供）

经济效益：创建新塍田园综合体的经济效应显著。通过田园综合体的创建，大力发展循环农业、休闲农业、创意农业，可推进农业供给侧结构性改革，补齐农业产业发展短板，培育壮大新型农业经营主体，构建各类主体间的利益联结机制，加大区域公共品牌推广力度，推进农业与二三产业深度融合，挖掘现代农业多种潜能，拓展农业价值链，培育农业新的增长点。农业主导优势产业可带动区域经济发展，实现农业增效、农民增收、农村增绿。到 2020 年，农林牧渔业总产值 9.07 亿元，农业增加值年均增长 5%；农村居民年均可支配收入 35 200 元以上，年均增长 8%以上；村集体经济可支配收入与 2016 年相比增长 26%；土地流转率达 60%；年旅游人数 50 万人次以上。

社会效益：创建新塍田园综合体的社会效应显著。通过发展生态循环农业，能够保护和改善生态环境，防治污染，维护生态平衡，提高农产品的安全性，变农业和农村经济的常规发展为持续发展，把环境建设同经济发展紧密结合起来，在最大限度满足人们对农产品日益增长的需求的同时，提高生态系统的稳定性和持续性，增强农业发展后劲。生态农业通过物质循环及能量多层次综合利用和系列化深加工，实现经济增值，实行废弃物资源化利用，降低农业成本，提高效益，为农村大量富余劳动力创造农业内部就业机会，保护农民从事农业的积极性。通过推广应用新品种、新技术、新设施，可以大大改善规划区域内的农业生产条件，提高土地产出率和劳动生产率，促进农村劳动力就地转移，提高集聚区及周边地区农民的科技素质，辐射带动周边区域发展生态农业，对于优化新塍镇农业产业结构、提高农产品品质、提升农业产业核心竞争力具有重要意义。

生态效益：创建新塍田园综合体的生态效应显著。新塍田园综合体建设坚持长期落实“五水共治”“五气共治”“五废共治”“四边三化”综合整理，整个综合体区形成浓厚的生态建设氛围，不仅提升了区域的生态环境，形成了良好的生产环境和人居环境，还有效提高了农田抵御自然灾害的能力，产生了良好的生态效益。

澉浦镇田园综合体建设规划

浙江省海盐县地处杭州湾跨海大桥北岸、沪杭苏甬区域门户城市1小时交通圈中心，乃长三角交通神经中枢之一，拥有53.48千米的阳光海岸线，区位条件十分优越。

澉浦镇位于海盐县南部，西靠海宁市，南傍杭州湾，钱江潮源在此形成，资源优势十分丰富，田园综合体项目建设基础条件丰厚。

规划范围： 项目位于海盐县南部澉浦镇西北部，西靠海宁市，南傍杭州湾，涉及澉浦镇茶院村、紫金山村、六忠村3个村，规划面积13.89千米^2。其中茶院村为核心区，面积4.85千米^2，耕地面积2 998亩；紫金山村、六忠村为辐射区，面积9.04千米^2，耕地面积7 459亩。

规划期限： 规划基准年为2016年，规划期限3年，即2017—2019年。

总体定位： 通过完善体制、创新机制、集中财力，经过3年时间的建设，把澉浦镇田园综合体打造为主导产业突出、产品档次高端、主体育成有序、产业链条健全、农旅一体发展的农业供给侧结构性改革的样板区；实现"农民增收、农业增效、农村繁荣、农业升级"。打响"南北湖·珍硒"大米品牌，提升“黄沙坞”品牌影响力，延伸天然富硒绿色大米全产业链和浙北精品果蔬产业链，建立“富硒农业＋休闲旅游业”“富硒农业＋健康养生业”新型经济增长路径，全力将澉浦镇打造为“浙北硒谷·养生澉浦”。

建设目标：紧紧围绕“村庄美、产业兴、农民富、环境优”的总目标，重点培育富硒稻米产业链、特色果蔬产业链，突出农旅结合，延伸产业链，推进农业“三产融合”发展。通过3年田园综合体建设，增加农民的经济收入，增强农业的供给活力，挖掘农业的休闲体验功能，构建农居循环社区，切实提升镇村环境。到2019年，力争在公共服务供给、土地利用、新型主体培育、多元化投入、产业支撑机制、新治理体系6个方面取得显著进展，农业产品结构、产业结构、区域结构明显优化，农业现代化建设走在全省前列；澉浦田园综合体农林牧渔业总产值4.10亿元，年均增长8%；农村居民人均纯收入38 000元以上，年均增长8%以上；年旅游人数10万人次以上。

功能分区：通过对澉浦镇现状资源分布及其特征的研究，以及对各开发主体现建设情况、未来发展需求和现实问题的剖析，结合澉浦镇美丽乡村建设、农旅融合发展建设，本次规划提出“一带、两区、两链”的空间布局结构。

“一带”即现代农业产业融合带，建设位置在紫金山至茶院村。通过串联不同产业类型，形成农业区域化布局和专业化生产，促进一二三产业深度融合发展。重点建设加工、参观、体验（采摘）、休闲、餐饮、娱乐、培训等多功能融合项目。

“两区”即核心区和辐射区。核心区建设位置在茶院村，面积4.85千米^2，耕地面积2 998亩。核心区是集循环农业、创意农业、农事体验于一体的田园综合体示范区域，紧紧依托精品粮油全产业链和特色水果产业链两大主导产业，发展服务创新、改革创新，推进一二三产业融合发展，是农村生产生活生态“三生同步”、一二三产业“三产融合”、农业文化旅游“三位一体”建设最集中的地区，承载着生态保护、农民增收、农业发展等重要功能，具有一定集聚效应，并对周边地区产生辐射作用。核心区作为田园综合体的建设重点，着力发展服务创新与改革创新，主要包括紫金山村至茶院村道路工程建设、富硒稻米示范基地建设、茶院精品农业园区

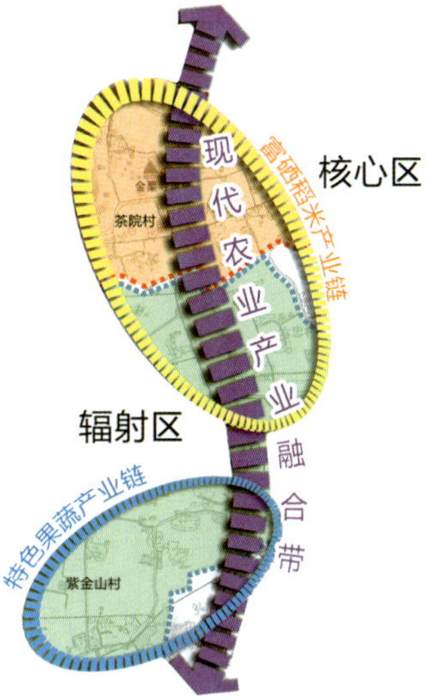

澉浦镇田园综合体空间结构分布

项目、茶院村金粟寺康养产业等重点项目。

辐射区建设位置在紫金山村和六忠村，面积 9.04 千米^2，耕地面积 7 459 亩。辐射区是核心区的有效补充和延伸，也是两大产业链的延伸和补充，相关配套基础设施也直接或间接地服务于核心区，是田园综合体示范区的重要组成部分。在核心区的引领带动下，一层层扩大到外沿，带动澉浦镇南北区域的发展，实现产业发展差异化、资源利用最优化和整体功能最大化，融入整个澉浦镇农业的发展的大格局，为田园综合体建设提供坚强的支撑。辐射区建设包括美丽乡村建设、观光体验、农业产业链延伸等内容，在核心区的带动下，凸显产业发展差异化，实现澉浦镇与相邻乡镇的全面发展。

“两链”即富硒稻米产业链和特色果蔬产业链。其一为富硒稻米产业链，该产业链将立足于全镇珍稀的富硒耕地资源，以长三角地区沪杭甬等大中城市为首要目标市场，全面推行富硒水稻绿色产品标准化生产，大力培育南北湖富硒大米公共品牌，适时申请国家地理标志农产品，自建或者借助外力建设富硒特种大米加工中心与冷藏保鲜库，育成 2 个以上实力强劲的产业化龙头企业，走超市专柜、官方旗舰店、专卖店、旅游产品等特色化销售路线。力争用 3 年时间成功打造浙北硒谷绿色大米全产业链，充分展示富硒特种绿色大米的附加价值，并以此为契机带动全县大米加工业的发展，扭转原粮调出县的地位。

其二为特色果蔬产业链。围绕振兴、发展、做强柑橘产业这条主线，按照“安全、特色、精品”的要求，在紫金山至南北湖一带，依托现有水果种植企业重点发展精品柑橘，着力提升柑橘产业的适度规模化、标准化、绿色化、集聚化、品牌化发展水平，做响做强“黄沙坞”品牌。在紫金山村一带重点发展樱桃、蓝莓、红心火龙果、桃、梨等中小名品林果与功能性林果，按照园区化发展标准改造、提升一批生产基地，使之能够适应林果采摘、体验、教育与休闲等前沿性消费需求。规范蔬菜生产标准，进一步推动蔬菜产业区域化、适度规模化发展，引进蔬菜栽植、收获机械，大力提高蔬菜机械化种植程度。通过建设发展与完善联结机制，提升浙江润力农业科技有限公司、南北湖旅游投资有限公司与“黄沙坞”柑橘合作社的市场化带动能力，重振南北湖“黄沙坞”柑橘的市场雄风，育成一批农旅融合的精品果蔬现代化园区，将澉浦打造为浙北精品果蔬产业化生产基地。

重点建设：重点建设内容包括紫金山村至茶院村道路工程、紫金山精品农产品开发项目、澉浦吾味农场水果精品园项目、茶院精品农业园区项目、富硒稻米示范基地建设项目、富硒农产品与地方农产品区域公共品牌培育项目、富硒稻米烘干中心提升项目、双丰物流中心建设项目、果蔬饮品加工基地建设项目、紫金山美丽乡村建设工程、蔬果联合国农场、茶院村美丽乡村建设工程、茶院村金粟寺康养产业等工程项目。

投资估算：田园综合体项目实施年限为 2017—2019 年，计划投资约 16 170 万元，其中财政资金约 7 000 万元，约占总投资额的 43.29%，其余均为业主自筹约 9 170 万元，约占总投资额的 56.71%。在规划建设总投资中，基础设施建设项目投资 1 500 万元，占 9%；生产基地建设项目投资 4 800 万元，占 30%；品牌培育项目投资 300 万元，占 2%；农产品物流加工项目投资 370 万元，占 2%；农旅融合项目投资 9 200 万元，占 57%。

经济效益：通过创建田园综合体，大力发展休闲农业、生态农业和田园社区，有效拓展农业功能，提升产业价值链，培育农业新的增长点，提高土地产出率、资源利用率、劳动生产率，促进农业增效、农民增收和集体经济发展壮大，增加当地农民收入，增加地方就业机会，提高地方财政收入。预计到 2019 年，溆浦田园综合体农林牧渔业总产值 4.10 亿元，年均增长 8%以上；农村居民人均纯收入 38 000 元以上，年均增长 8%以上；实现三产服务业收入 8 000 万元以上，年旅游人数 10 万人次以上。其中，茶院村金粟寺康养产业与浙江省金粟寺旅游投资开发公司年终利润分红 35%以上，以壮大村级集体经济。

社会效益：通过田园综合体的建设，对当地发展主导优势产业具有良好的示范和推动作用，有利于优化溆浦镇农业产业结构，提高农产品品质和科技含量，增强全市农产品在国内外市场的竞争力。通过发展溆浦镇的农业休闲观光产业，为城乡居民提供良好的休闲旅游场所。通过建设农产品加工区，带动相关产业的生产、加工、包装、销售等产业的发展，以溆浦镇特有的“富硒稻米产业、特色果蔬产业”农业产业体系为基础，提高农业产业集聚规模，打响特色农产品品牌，形成贸工农一体化、产加销一条龙的发展格局，推进溆浦镇经济转型升级。通过拓展第二、第三产业及各经营主体的项目实施，在仓储、冷藏、加工、流通各环节增加就业岗位，带动农民增收致富。

生态效益：通过农田水利、土地、河网、道路和周边环境的统一规划改造与综合治理，积极推广农业标准化生产技术，实施品牌战略，严把农业投入品质量关，严格控制化肥、农药的施用，杜绝使用高毒、高残留化学农药；推行配方肥料，提高肥料利用率，防止农业面源污染，提高水资源利用率；严禁秸秆焚烧，对废弃设施覆盖物回收再利用，促进循环农业发展，使经济效益和生态效益两者相得益彰。实现生态循环渔业养殖模式，加大养殖尾水治理力度，采用洁水养殖，助力“五水共治”和“美丽田园”建设，实现开发利用与生态保护的平衡发展，对渔业资源和“山水林田湖”进行统一保护和修复，共同组成生命共同体，深入推进溆浦镇生态文明建设。

本案还对水土资源开发和生态保护、资源环境评估分析、机制体制创新、建设管理与运行机制、保障措施等做了规划、设计或阐析。

茶院村美丽乡村工程建设鸟瞰图（溆浦镇人民政府提供）

吴兴区田园综合体总体规划及 2017 年建设项目实施方案

第一部分　吴兴区田园综合体总体规划

本规划位于湖州市高新区北部。湖州高新区是吴兴区未来十年发展蓝图的展示区，地处太湖南岸。近年来，湖州市吴兴区大力发展现代农业，积极建立南太湖省级现代农业综合区，并先后成为国家现代农业示范区农业改革与建设试点、国家农业综合开发现代农业园区和国家农业科技园区核心区三大国家级试点园区。

规划范围：湖州市高新区北部的幻溇村、许溇村和杨溇村。其中，杨溇村为核心区，幻溇村和许溇村为辐射区。核心区、辐射区规划总面积约为 8 千米^2，核心区规划面积 2.7 千米^2，耕地面积 2 179 亩，辐射区 5.3 千米^2，耕地面积 4 778 亩。

规划期限：规划基准年为 2016 年，规划期限为三年，即 2017—2019 年。

指导思想：深入贯彻习近平总书记系列重要讲话和治国理政新理念、新思想、新战略，全面践行“绿水青山就是金山银山”重要思想，以加快农业农村转型发展为主线，以“创新、协调、绿色、开放、共享”的发展理念引领赶超发展，通过机制改革创新，强化政策引导、落实务实举措、完善运行机制，全面构建起让农民充分参与和收益的田园综合体产业体系、制度体系和可持续发展长效机制。

基本原则：坚持以“农民”为中心，坚持以“机制”为根本，坚持以“农业”为基础，坚持以“绿色”为导向，坚持以“文化”为灵魂。

规划思路：贯彻“绿水青山就是金山银山”的发展理念，坚持“生态化、大众化、精细化、融合化”的发展战略，突出“姓农、为农、兴农”的田园建设理念，紧紧围绕市场需求变化，以集体增资、农业增效、农民增收、农村增绿为主要目标，以盘活农村建设用地、提高粮食生产能力、壮大集体经济实力、增加农民经济收入、保障持续发展能力为主攻方向，以体制改革和机制创新为根本途径，优化农业产业体系、生产体系、经营体系，提高土地产出率、资源利用率、劳动生产率，拓展农业全产业链，实现“生产、生活、生态”有机融合。

建设目标：紧紧围绕“村庄美、产业兴、农民富、环境优”的总目标，通过3年（2017—2019年）田园综合体建设，充分调优农产品品种品质，构建农居循环社区，促进一二三产业融合，挖掘农业的休闲体验功能，增强农业的供给活力，统筹城乡的要素资源，促进城乡规划一体、设施一体、服务一体，补农村短板、扬农村长处、美乡村风貌、留田园乡愁，促进农民就业增收。到2019年，“产业生态布局、生态环境优化、废物循环利用、农业创意多元、产品优质高效、田园整洁优美、农业科技提高”的新格局基本形成，发展态势稳中有进、发展劲头日益增长，凝心聚力、奋勇争先，打造浙江样板，创成有影响力、有示范性的国家级田园综合体。

总体定位：在保护江南水乡格局、传承太湖悠久农耕文化的基础上适度发展，突出太湖溇港文化特色和竞争优势，强化地域文化产品和生态产品的保护、挖掘、创新与输出，打造集农业生产、文旅结合、生态循环为一体的田园综合体，具有美丽中国特色的田园综合体，独具千年耕织文明、溇港圩田特色的江南水乡田园综合体。紧紧围绕田园综合体建设要求，全力营造“产业集聚、项目林立、客商云集、人才汇聚”的浓厚氛围，全面打造吴兴农业田园发展“主引擎”，形成“集聚资源，统筹城乡”新局面，全力保障田园综合体建设需求，将其建设成为“南太湖农业孵化器”。

空间布局：通过对高新区现状资源分布及其特征的研究，以及对各开发主体现建设情况、未来发展需求和现实问题的剖析，并结合高新区凝心聚力、奋勇争先、全力争创“国家级高新区”的目标，实现湖州“望得见山，看得见水，记得住乡愁”的山水生态城理想，按照田园综合体建设要求，本次规划提出“一核心、二辐射”的空间布局结构。

“一核心”的建设位置在杨漤村，占地面积约2.7千米^2，其中耕地面积2 179亩。核心区是以美丽乡村创建为基础，以高效果蔬产业园和特色水产产业园发展为特色，集循环农业、创意农业、农事体验于一体的田园综合体示范区域，是农村生产生活生态“三生同步”、一二三产业“三产融合”、农业文化旅游“三位一体”建设最集中的地区，承载着生态保护、农民增收、农业发展等重要功能，具有一定集聚效应，并对周边地区产生辐射作用。其建设重点包括景观建设、环境提升等基础设施提升、高标准农田建设、美丽田园建设工程、美丽乡村建设、农业产业园区建设等内容，打造蔬香杨漤村庄聚集点，依托漤港文化发展农旅结合项目，凸显高新区塘浦圩田农耕文化、稻文化、鱼文化、丝绸文化，推进多产业融合发展。

“二辐射”的建设位置在幻漤村和许漤村2个村，占地面积5.3千米^2，其中耕地面积4 778亩。辐射区是核心区的有效补充和延伸，是田园综合体示范区的重要组成部分。在核心区的引领带动下，从核心区一层层扩大到外沿，带动高新区南北区域的发展，实现产业发展差异化、资源利用最优化和整体功能最大化，融入整个高新区农业发展的大格局，为田园综合体建设提供坚强的支撑。其建设重点是以农业文化为主题，融观光性、娱乐性、休闲性、科普性与体验性为一体，既可巧妙地保持原生态环境，又可传承文化遗产，与自然和谐统一。辐射区建设包括美丽乡村建设、观光体验、文创产品开发、农业产业链延伸等内容，在核心区带动下，凸显产业发展差异化，实现高新区全面发展。

重点建设：幻漤村潘漤圩区提升工程、村庄道路工程提升工程、湖薛线及水产路景观提升工程、农村生活污水处理、高标准农田建设工程、美丽田园建设工程、幻漤中心城镇建设、杨漤村美丽乡村精品村建设、漤港文化体验园、湖州金旭生态农业园提升工程、湖州丰泽花卉生产基地提升工程、湖州绿叶生态农业园区提升工程、蔬菜产业基地、特色水产产业园等。

投资估算：高新区田园综合体试点项目重点建设项目14个，实施年限为2017—2019年，计划总投资额为33 800万元，其中业主自筹资金24 500万元，约占总投资额的72.49%。田园综合体建设投资坚持“财政引导，企业主导、社会参与”的原则，公共基础设施建设以财政资金投入为主，产业化开发以企业投入为主。同时积极开拓筹资渠道，开展资产资本化运作，积极吸收金融资本及社会资本参与田园综合体试点建设。

经济效益：通过田园综合体的创建，大力发展循环农业、创意农业农事体验，有效拓展农业功能，提升产业价值链，培育农业新的增长点，促进农业增效、农民增收、农村增绿。项目区的开发将会直接带动地方经济的发展，增加当地居民收入，增加地方就业机会，提高地方财政收入。通过田园综合体项目的建设，可为当地居民创造诸多的就业机会，使当地居民参与到田园综合体建设中来，这是项目区的建设所带来的直接作用。同时，农贸、商贸、文化、教育、信息等相关行业和部门作为农业产业的支撑体系，也能从项目区的建设中获得间接的拉动作用。农旅项目的开发将带动当地农副产品的销售，吸引游客购买。预计到 2019 年，年接待游客量 6 万人次，农业增加值年均增长 2%，农村常住居民人均可支配收入年均增长 8%以上，在实现 2017 年年底比 2010 年翻一番基础上达到 31 000 元以上，城乡居民收入比缩小至 2∶1 以内。

社会效益：田园综合体建设将对周边区域产生示范效应，带动周边乡镇农业转型升级，提升整个吴兴区的农业发展水平；通过田园综合体建设、重点项目推进、建设规模扩大、产业配套完善，在很大程度上提高农民的收入，有利于改善劳动就业环境，保障从业者的社会福利，对带动就业起到积极作用。通过 3 年的建设发展，新设施、新装备、新技术和新品种得以推广应用，有助于提高农业主体科技应用水平，创新农业科技服务功能，助力建成全区智慧农业网络。

生态效益：积极推广“秸秆—湖羊”、水产共生生态循环养殖模式、秸秆综合利用、沼渣沼液综合利用等循环农业发展方式，努力打造“主体小循环、园区中循环、区县大循环”的生态循环农业发展格局，保障农业绿色、高效、可持续发展。通过农业基础设施的完善，推行农业废弃物利用、排泄物综合利用等途径，使农业废弃物得到资源化循环利用，有效地降低化肥、农药的施用量，促进农业资源永续利用。环境的美化、道路的建设与整治、景观建设、农业种植结构调整、基础设施建设等措施有利于乡村环境的改善，对高新区的生态环境平衡起着积极的促进作用，可以显著提高生态环境质量。

本案还对水土资源开发和生态保护、建设管理和运营体制机制、保障措施等做了规划设计。

第二部分　吴兴区田园综合体 2017 年度建设项目实施方案

按照《财政部关于开展田园综合体建设试点工作的通知》（财办〔2017〕29 号）和《浙江省农业综合开发办公室关于做好组织申报 2017 年农业综合开发田园综合体试点项目准备工作的通知》（浙农综办〔2017〕43 号）文件要

求，依据《浙江省农业综合开发田园综合体试点三年发展规划（2017—2019年）》3 年实施方案，编制此实施方案。

指导思想：深入贯彻习近平总书记系列重要讲话和治国理政新理念、新思想、新战略，全面践行“绿水青山就是金山银山”重要思想，以加快农业农村转型发展为主线，以“创新、协调、绿色、开放、共享”的发展理念引领赶超发展，以体制改革和机制创新为根本途径，强化政策引导、落实务实举措、完善运行机制，全面构建起让农民充分参与和收益的田园综合体产业体系、制度体系和可持续发展长效机制，集聚农村各种资金、科技、人才、项目等要素，推动建设“江南山水、美丽湖州、诗画农业、美丽田园”的田园综合体典范，打造统筹城乡升级版、美丽乡村升级版、休闲农业升级版、农村改革升级版。

许溇大道效果图（吴兴区人民政府提供）

主要目标：围绕田园综合体建设总体规划中的主要目标和功能定位，2017年度重点抓好宣传动员和政策体系完善工作，明确责任任务，落实投资主体，全面启动基础设施建设、高标准农田建设、美丽田园建设、农旅发展建设、农村公共服务提升、农业精品园建设、新型农业主体培育等相关工程建设，主要拉开田园综合体建设框架，构筑发展平台，为田园综合体建设开好局，有步骤地推进田园综合体试点工作顺利进行。

实施步骤：田园综合体建设 2017 年工作分两个阶段实施。第一阶段为动员准备阶段（2017 年 7 月底前）。根据有关文件要求，加强田园综合体建设的宣传和建设动员工作，委托浙江省农业科学院编制田园综合体建设总体规划和实施方案，组织规划工作小组，协助规划编制和完善。同时明确各部门和主体的建设任务，细化责任分工，建立田园综合体建设工作推进机制。召开各建设主体和各行政村主要负责人会议，加强有关文件和综合体建设要求的宣传动员工作，集思广益，全面启动田园综合体有关项目建设。加大田园综合体建设的政策宣讲、建设内容宣传等工作，提高居民的知晓度，广泛征求广大村民的意见和建议，争取村民的理解和支持，组织广大村民积极参与田园综合体建设、管理、监督等工作。第二阶段为整体推进阶段（2017 年 7～12 月）。出台或完善相关政策意见，全面推进有关项目的建设工作，在 2017 年前完成田园综合体相关项目的落实工作。促进区域农业与二三产业融合发展、美丽乡村与村庄经营融合建设、高素质农民与新型农业经营主体融合培育、美丽城镇与美丽乡村融合共进、公共服务体系优化完善、乡村生态体系改善。

主要体制机制改革任务：全面推进绿色农业发展，增加农民土地资本收入，深化完善宅基地使用权置换机制，优化农村用地保障机制，建立多元化投入保障制度，培育新型农业经营主体，构建现代农业全产业链发展模式，建立“三位一体”农合联运作机制。

前期投入方案：高新区政府领导及相关专家多次实地考察，并经市、区及有关部门多方论证，结合当前项目产业现状和文化综合优势，选址幻溇村、许溇村、杨溇村 3 个村作为项目建设区域，其中杨溇村为核心区，幻溇村和许溇村为辐射区；项目申请报告编制完成，经相关主管部门多次讨论，并经表决一致通过；本项目各个单项工程均由专业设计单位按照相关要求设计，建设规模、工程招标、环境评价均符合项目建设要求。在前期项目设计的基础上，制订实施方案，以便推进项目建设。

投资概算：本项目投资概算由工程费用、工程建设其他费用和预备费三部分组成，分别为 25 497.74 万元、2 337.89 万元和 5 988.84 万元，总投资 33 824.47 万元。

经济效益：粮食产量按每亩新增 40 千克、粮油每亩 10 千克计算，1 000 亩高标准农田可生产粮食 4 万千克，油料 1 万千克，总计产量 5 万千克，则项目区年新增总产值 15.09 万元，年新增增加值 12 万元。此外，各大项目工程的建设将会直接带动地方经济的发展，增加当地居民收入和地方就业机会，提高地方财政收入。农旅项目的开发将带动当地农副产品的销售，吸引游客购买，预期年接待游客量 6 万人次，农业增加值年均增长 2%，农村常住居民人均可支配收入年均增长 8%以上。

社会效益：通过田园综合体建设，农业发展环境得到改善，改善灌溉面积 1 500 亩，改善除涝面积 1 500 亩，新增种植业总产值 29.2 万元。通过种植及土地流转等，以农业合作社为载体，以当地农业优势资源为依托，扶持重点合作社和企业，有力带动和保障农民增效增收。综合体内生态环境治理、产业融合发展为周边居民提供了丰富的农业科普教育及农业观光休闲场所，同时相关旅游服务设施的配套建设也提高了高新区旅游整体服务接待能力。

生态效益：采用多样化的种养模式，如油稻轮作、菜稻轮作、农牧结合、增施有机肥等，有利于农田的持续利用，营造绿色环境，促进生态文明建设。积极推广“秸秆—湖羊”、水产共生生态循环养殖模式、秸秆综合利用、沼渣沼液综合利用等循环农业发展方式，有效降低化肥、农药的施用量，促进农业资源永续利用。规模化种植有利于耕种收的机械化，农作物病虫害的统防统治以及化肥、农药等农业投入品的回收，从而大量减少农药、化肥等农业生产投入品带来的污染。粮食连片种植有利于农业景观的塑造，营造一个源于自然又超越自然的优美田园风光。

本案还对项目实施组织管理及保障措施进行了策划。

德清县下渚湖田园综合体总体规划

浙江省德清县位于长江三角洲杭嘉湖平原西部，素有“名山之胜，鱼米之乡，丝绸之府，竹茶之地，文化之邦”的美誉。规划区域位于下渚湖街道中部，该街道地处德清县城南部、莫干山东麓，东、南濒临东苕溪，与杭州市余杭区仁和镇及良渚镇交界，西北与武康街道毗邻，东北角与乾元镇接壤，距莫干山风景区 30 千米、杭州 35 千米、湖州 55 千米、上海 210 千米，区位条件优越，至杭州、上海、南京、宁波、苏州、无锡、常州等大中城市均在 3 小时车程以内。交通条件便捷，杭宁高速、杭宁高铁、304 省道、东苕溪及规划建设的杭州至德清城际轨道交通、海盐至安吉公路穿境而过，距杭州萧山国际机场仅 60 千米，距德清县客运中心、德清高铁站、德清通航机场均为 10 分钟左右车程，水、陆、空交通网络十分完善。下渚湖街道作为“山水林田湖”生命共同体的典型代表，田园综合体项目建设基础条件丰厚。

规划范围：本规划涉及下渚湖街道宝塔山村、二都村和双桥村 3 个村，共计面积 15.7 千米^2，其中核心区为宝塔山村，村地域面积 8.5 千米^2（耕地面积 1 888 亩），重点建设区域 1.54 千米^2（耕地面积 800 亩）；辐射区为二都村和双桥村，占地面积 7.2 千米^2（耕地面积 4 046 亩）。

规划期限：本规划基准年为 2016 年，期限 3 年，即 2017—2019 年。

指导思想：全面贯彻落实习近平总书记系列重要讲话精神，推进农业供给侧结构性改革，深入践行"八八战略"和"绿水青山就是金山银山"重要思想，以提高农业供给质量为主攻方向，以体制改革和机制创新为根本途径，优化农业产业体系、生产体系、经营体系，拓展农业全产业链，加快发展现代设施农业、生态循环农业、休闲观光农业、特色乡土农业，实现农村生产生活生态"三生同步"、一二三产业"三产融合"、农业文化旅游"三位一体"，加速推进农业绿化、农村美化、农民转化，逐步建成以农民合作社为主要载体，让农民充分参与和收益，集循环农业、创意农业、农事体验于一体的田园综合体。

建设目标：树立一种文化——田园社区文化；追求两个梦想——美丽乡村富裕梦、诗意山水田园梦；满足三类需求——农民不断升级的生产生活需求、市民更舒适安全的生活需求、游客多样化高端化的消费需求；共建四个创新——"集体经济＋众筹"项目组织创新、田园社区公共管理服务创新、山水林田湖的美丽农业生态创新和"共享＋低碳"的新型人居环境创新；实现五大融合——农民与市民相融合、农村与城市相融合、一二三产业相融合、传统与互联网相融合和居住与就业相融合，最终实现"村庄美、产业兴、农民富、环境优"的目标。

总体定位：集成改革先行区，中国田园博览园。园区是集循环农业、创意农业、农事体验于一体的田园综合体示范区域，是农村生产生活生态"三生同步"、一二三产业"三产融合"、农业文化旅游"三位一体"建设最集中的地区，承载着生态保护、农民增收、农业发展等重要功能，具有一定集聚效应，并对周边地区产生辐射作用。

功能布局：本规划的总体功能布局为"一带、两链、三园"。

"一带"即农业田园观光带，建设位置在下渚湖街道中部区域。休闲观光线以下仁公路沿线为主线，长度约 16 千米。项目融合串接休闲观光体验综合接待服务，以国家级非物质文化遗产《防风传说》为载体，将农耕文化与湿地文化相结合，打造一个传承防风文化，并与农业、旅游结合的观光休闲带。

"两链"即精品果蔬花卉产业链和特色稻虾共生产业链。其一为精品果蔬花卉产业链，其模式为：水果蔬菜花卉生产—水果蔬菜花卉加工—农产品和初加工产品销售—农业花卉的旅游观光—休闲观光采摘—特型花卉瓜果创意产品开发。以精品果蔬花卉种植为基础，结合农业衍生产品的生产研发，带动农业花卉的旅游观光，三产有机结合。田园种植采用规范化、设施化、机械化管理，引进新技术、新品种、新手法，通过各类设施小品和装置艺术，结合种植采摘、田艺园艺等各类体验活动，充分融入中国农业文化、园艺花卉文化和德清田园文化，体现中国特色、德清特点。

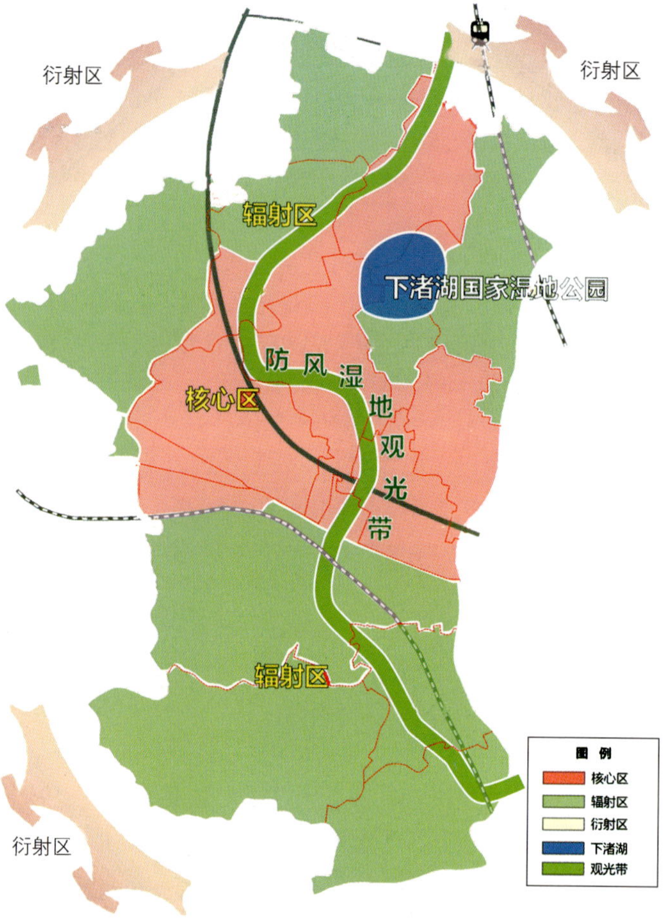

下渚湖田园综合体功能分区

其二为特色稻虾共生产业链，其模式为：

水稻产业链 —— 特色青虾产业链

↓ 选育、繁育适合稻虾共生的优质水稻　　↓ “两湖一号”青虾育种

↓ 探索提升稻虾共生新模式品牌推广

↓ 种彩色水稻，造水稻景观　　↓ 标准化生产，水精灵青虾服务中心

↓ 将大米加工成米乳、米粉等食品　　↓ 电商淘宝—青虾文化园

“三园”即美丽农业博览园、湿地农耕文化园和三稻渔共生体验园。其一为美丽农业博览园（农业＋博览科普），建设位置在宝塔山村。该园以田园博览园建设为重点，利用美丽田园打造集农产品展示、农业高科技展示体验、休闲旅游和农业相关科普教育于一体的农业休闲博览园区，寓科于农、寓教于农、寓乐于农，充分展示田园农耕文明的风采与魅力。其主要特色为农业景观产品和文化博览，突出农业和科普。

其二为湿地农耕文化园（农业＋湿地文化），建设位置在二都村。该园以二都小镇农渔文化阵地、湿地生态保护及珍贵彩色森林工程为重点，将下渚湖农耕文化与防风文化相结合。其主要特色为农渔文化体验，突出农业和文化。

其三为稻渔共生体验园（农业＋生态循环），建设位置在双桥村。该园以水精灵青虾园（稻渔共生产业链提升）等项目为依托，重点发展稻渔共生生态循环模式，加强育种研究和新优品种推广，开发稻渔加工产品，建设稻渔文化园，强化农业全产业链建设，促进农业一二三产业深度融合。其主要特色为生态循环和农事体验，突出农业和生态。

重点建设五大体系：生产体系（高标准农田建设工程、农业配套基础设施建设工程），产业体系（田园博览园、宝塔山村美丽乡村、德清水精灵青虾综合服务中心、水精灵青虾园即稻渔共生产业链提升、九龙四季果蔬共享农庄提升、二都小镇农渔文化阵地），经营体系（新型农业经营主体培育），生态体系（美丽田园建设、湿地生态保护及珍贵彩色森林工程），服务体系（农产品品牌提升项目、农业服务体系建设项目、公共服务体系建设）。

投资估算：田园综合体项目实施年限为 2017—2019 年，计划投资约 2.235 5 亿元（其中财政资金约 8 260 万元，约占总投资额的 36.95%）。在规划建设总投资中，生产体系建设投资 2 955 万元，占 13%；产业体系建设投资 17 200万元，占 77%；经营体系建设投资 500 万元，占 2%；生态体系建设投资 400 万元，占 2%；服务体系建设投资 1 300 万元，占 6%。其中财政性资金主要用于基础设施建设、完善公共服务、搭建产业平台、支持村集体经济。

经济效益：通过创建田园综合体，大力发展休闲农业、生态农业、田园社区，有效拓展农业功能，提升产业价值链，培育农业新的增长点，提高土地产出率、资源利用率、劳动生产率，促进农业增效、农民增收和集体经济发展壮大。再通过改善生态环境、挖掘历史文化及改建渔乡民宿，完善提升与田园综合体建设相适应的基础设施。预计规划范围的 3 个村到 2019 年农林牧渔业总产值达到 2 亿元，增长率 66.7%；主导产业产值占比 80%，增长率 56.7%；年游客接待量达到 150 万人次以上；农村居民年均可支配收入 39 000 元，增长率 45.8%；村集体经济可支配收入 236.6 万元，增长率 26%。

社会效益：本项目社会效益十分显著。一是通过田园综合体的建设，对当地发展主导优势产业具有良好的示范和推动作用，有利于优化德清县农业产业结构，提高农产品品质和科技含量，增强全市农产品在国内外市场的竞争力。二是德清县农业休闲观光产业的建设为城乡居民提供了良好的休闲旅游场所。三是通过建设农产品加工区，可以带动相关产业的生产、加工、包装、销售等产业的发展，以下渚湖街道特有的精品果蔬花卉产业和特色稻虾共生产业为基础，提高农业产业集聚规模，打响特色农产品品牌，形成贸工农一体化、产加销一条龙的发展格局，推进下渚湖街道经济转型升级。四是通过拓展第二、第三产业以及各经营主体的项目实施，在仓储、冷藏、加工、流通各环节增加就业岗位，带动农民增收致富。

生态效益：在农业方面，建立长效管理和运维机制，创新无土栽培等模式，推动农业规模特色化、美丽品质化、高效循环化发展，积极发展现代农业文化，构建绿色高效的现代农业发展模式；在渔业方面，开展渔业养殖尾水治理工作，提升水环境质量，促进渔业养殖转型升级，打造生态美丽鱼塘。

“梦幻鲜花港”美丽田园综合体建设规划

“梦幻鲜花港”美丽田园综合体位于台州市椒江区下陈街道的东南部，与台州城区、洪家场浦、路桥机场相邻，地处温黄平原北部，沿海海积平原地貌，区内地势平坦，主干道路与河流均呈纵横经纬格局。东西走向主要有鲍浦河、三顶桥浦、牛轭桥浦、永丰河、杨家浦、鲍浦河、三顶桥浦、长浦等，南北走向的河道有一条河、中心河，皆与路桥区河道相通。该区域涉及17个行政村，共6.2千米^2，约9 311亩，其中核心区涉及下陈、台门里、街南、三顶桥4个村，约1 273亩。项目区属于长潭灌区，所有灌溉用水可直接从就近河网提水灌溉，灌溉条件优良。

规划期限：以2017年为基准年，规划期限3年，即2018—2020年。

指导思想：坚持以“乡村振兴战略”为统领，全面贯彻“创新、协调、绿色、开放、共享”发展理念，围绕台州市“山海水城、和合圣地、制造之都”的战略定位，以深入推进农业供给侧结构性改革、培育农业农村发展新动能为主线，以实现“产业兴、村庄美、环境优、农民富”为目标，以“重塑新农民、发展新农业、建设新乡村”为抓手，建设以农民为受益主体、一二三产业

"三产融合"、生产生活生态"三生同步"、农业文化旅游"三位一体"的美丽田园综合体，探索城乡一体化发展的新模式、新业态和新机制，为"三农"转型发展提供重要路径和新动能。

基本思路：田园综合体建设必须以"姓农、为农、惠农"为根本宗旨，以产业融合为核心，以农旅结合为先导，以乡村文化为灵魂，以流通基础为支撑，以乡村复兴为目标，坚持特色思维、融合思维、协同思维、撬动思维，将诸多生产要素组织在一起发挥集聚作用，建立可持续的商业运营模式，充分发挥好农民合作社等新型农业经营主体的作用，提升农民生产生活的组织化、社会化程度，紧密参与到美丽田园综合体建设中来。通过本项目的实施，增加农民就业创业机会，提高产业发展综合效益，保护乡村传统文化遗产，改善农村生态人居环境。

总体定位：依托项目区内现有自然资源、人文资源、产业资源，优化产业结构，大力发展花卉苗木产业，做精做优果蔬产业。按照"政府引导、市场主体、农民受益"的总体要求，以"承接一线，引领一片"的总体思路，围绕"花香下陈，梦幻田园"的整体定位，以现代花卉为龙头，做活农旅产业，打造一个以花卉观光、现代农业、特色民俗、绿色饮食、科普教育为特色的美丽田园综合体，实现"农民增收、农业增效、农村繁荣、农业升级"。

建设目标：紧紧围绕乡村产业振兴，通过3年努力，建成产业突出、业态丰富、特色鲜明、环境优美、乡村文明、综合效益提升、农民充分受益、具有台州特色和示范引领作用的美丽田园综合体。到2020年，"梦幻鲜花港"美丽田园综合体农林牧渔业总产值9 000万元，其中果蔬产业年产值3 000万元，花卉苗木产业年产值5 000万元，年均增长8%以上，主导产业占农林牧渔业总产值88.9%。实现三产服务业收入3 000万元以上，年旅游人数55万人次以上。带动周边村民就业人数1 000人以上，农村居民人均纯收入年均增长10%以上。

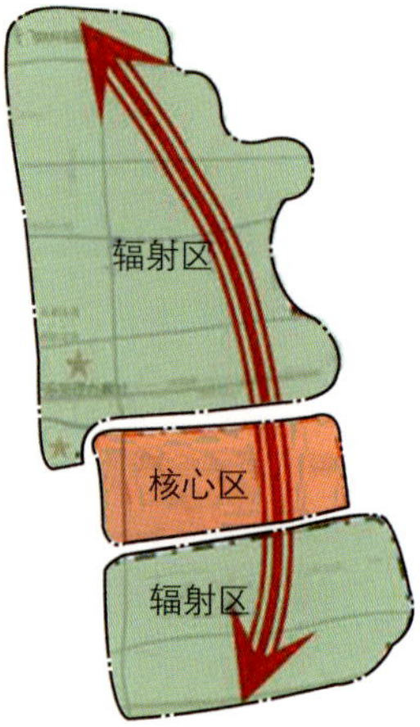

"梦幻鲜花港"功能布局

建设思路：主导产业（花卉果蔬）带动辐射发展，各类农业经营主体联动发展，引入社会资本推进发展，结合农业创意和体验，三产融合发展。

功能分区：围绕"花香下陈，梦幻田园"的整体定位，按照田园综合体建设要求，本次规划提出"一带、两区"的空间功能布局结构。

"一带"即一二三产业融合带。将花卉生产、果蔬生产、现代农业技术服务、农旅结合等促进三产融合的项目进行串联，使整个区域不同产业类型形成农业区域化布局。

“两区”即核心区和辐射区。核心区北至松椒路、南至中心路、东至一条河、西至中心街，共约1 273亩（耕地面积约811亩）。功能定位是以现代花卉产业为主导产业，重点打造集玫瑰产业、创意花卉产业、农事体验于一体的现代花卉产业核心区，是三产融合、农业文化旅游建设较集中的区域，承载着生态保护、农民增收、农业发展等重要功能，具有一定的集聚效应，并对周边地区产生辐射作用。重点建设项目主要包括鲜花港花卉生产园、鲜花港花卉观光体验园、休闲农业综合服务中心等。

辐射区共8 038亩（耕地面积约6 853亩），是美丽田园综合体的重要组成部分，是核心区的有效补充和延伸。其功能定位是以花卉、果蔬产业为主导产业，以多家花卉、果蔬专业合作社为主要载体，利用花卉生产基地和果蔬基地建成特色采摘园，实现产业发展差异化、资源利用最优化和整体功能最大化，形成一二三产业融合带，为田园综合体建设提供坚强的支撑。

重点项目：实施“四大项目、十二大重点工程”。四大项目是基础设施建设项目、公共服务完善项目、主导产业提升项目、三产融合项目。十二大重点工程是双水路下陈段（机场路—三才泾）道路工程、梦幻鲜花港基础设施工程、村庄基础设施提升工程、现代农业服务中心工程、村庄文化服务提升、鲜花港花卉生产园、鲜切菊花产业提升、果蔬冷链系统项目、智慧农业示范园、鲜花港花卉观光体验园、休闲农业综合服务中心、葡萄采摘体验园。

投资估算：项目创建围绕果蔬和花卉苗木两大主导产业发展，主要实施“四大工程、十二大重点项目”，计划总投资约20 267万元，其中各级财政资金约5 288万元，社会投入资金约14 979万元。规划建设总投资中基础设施建设项目投资7 866万元，占38.8%；公共服务完善项目投资110万元，占0.6%；主导产业提升项目投资8 261万元，占40.7%；“三产”融合项目投资4 030万元，占19.9%。

经济效益：通过创建“梦幻鲜花港”美丽田园综合体，大力发展现代花卉产业、果蔬产业、休闲农业、生态农业，有效拓展农业功能，提升产业价值链，培育农业新的增长点，提高土地产出率、资源利用率、劳动生产率，促进农业增效、农民增收和集体经济发展壮大，增加当地农民收入，提高地方财政收入。预计到2020年，“梦幻鲜花港”美丽田园综合体年产各类花卉、苗木600万株以上，果蔬产业规模种植达到300亩以上。农林牧渔业总产值9 000万元，其中果蔬产业年产值3 000万元，花卉苗木产业年产值5 000万元，年均增长8%以上，主导产业占农林牧渔业总产值的88.9%。实现三产服务业收入3 000万元以上，年旅游人数55万人次以上。带动周边村民就业人数1 000人以上，农村居民人均纯收入年均增长10%以上。

社会效益： 通过创建“梦幻鲜花港”美丽田园综合体，促进农业资源高效利用，推动农村经济持续健康发展，提高农业产业水平及花卉产业在整个椒江区的重要地位，提升当地花卉苗木产业的水准和品味，促进农旅一体化进程。项目的建设能够带动当地果蔬、花卉苗木附属行业，如加工、包装、运输和花卉市场等流通领域，间接增加就业机会，进一步转移农业富余劳动力，拓展其就业渠道，增加劳动就业率，为当地带来更多的就业机会。增加当前及周边区域内农民的收入，提高人民的生活质量，满足人民对精神生活不断增长的要求。

休闲农业综合服务中心效果图

生态效益： 农业基础设施的完善、区域土地的综合整理、环境的美化、景观建设、农业种植结构调整、大面积的花卉苗圃及果蔬基地的种植有利于乡村环境的改善；农业废弃物的高效利用使农业废弃物得到资源化循环利用，有效降低了化肥、农药的施用量，促进农业资源永续利用，对生态环境平衡起着积极的促进作用，显著提高生态环境质量。

双庙乡美丽田园综合体建设规划
（2018—2020 年）

双庙乡位于浙江省仙居县的东南部，东接临海市，南邻朱溪镇，西连大战乡，北依下各镇，乡政府所在地距县城约 23 千米，县道管铁线穿境而过，交通便捷。双庙乡景色宜人，“四面环山、河谷盆地”，特殊的地理环境造就了该地丰富的山水旅游资源，吸引了浙江乃至外地的游客前来参观，旅游发展潜力巨大。

指导思想：全面贯彻落实习近平总书记系列重要讲话精神，推进农业供给侧结构性改革，以“乡村振兴战略”为统领，深入践行“八八战略”和“绿水青山就是金山银山”重要思想，以提高农业供给质量为主攻方向，以体制改革和机制创新为根本途径，优化农业产业体系、生产体系、经营体系，拓展农业全产业链，加快发展现代设施农业、生态循环农业、休闲观光农业、特色乡土农业，实现农村生产生活生态“三生同步”、一二三产业“三产融合”、农业文化旅游“三位一体”，加速推进农业绿化、农村美化、农民转化，逐步建成以农民合作社为主要载体，让农民充分参与和收益，集循环农业、创意农业、农事体验于一体的美丽田园综合体。

规划范围：本规划涉及双庙乡公平村、解放村、括苍村、西吕村、上王村、乌圣村、方岩村、上料村、西马村 9 个行政村，区域总面积约为 9 000 亩。其中，核心区由上王村、公平村、括苍村构成，共约 3 000 亩；辐射区由解放村、西吕村、乌圣村、方岩村、上料村、西马村构成，共约 6 000 亩。

规划期限：本规划基准年为 2017 年，期限 3 年，即 2018—2020 年。

总体定位：双庙乡以“翁森故里·花园双庙”为总体定位，紧紧围绕“农业增效、农民增收、农村增绿”的中心思想，以农业生产为基础，以有机种植为核心，以文化历史为底蕴，以生态环境为增长点，突出有机农产品产业链和农旅融合主线，打造集现代化农业生产技术、有机作物示范种植、田园研学教育活动、生态风景观光旅游为特色的美丽田园综合体，实现优质高效农业供给、农村文旅体验展示、城乡要素市场支撑、城乡一体公共服务四大体系，推进基地规模化、生产绿色化、产品有机化、产业融合化、田园景区化、区域品牌化、村庄社区化、富民常态化。

建设目标：双庙乡美丽田园综合体顺应农村供给侧结构改革及新型产业发展，采用创新突破的思维模式，综合化发展当地农业，跨越化利用农村资产。建设目标紧紧围绕优化和完善农村生产体系、产业体系、经营体系、生态体系、服务体系、运行体系六大项，通过科学规划和合理开发，打造台州市乃至浙江省的美丽田园综合体建设模范。具体建设目标是：完善生产体系发展条件，打造有机农产品完整产业链，打造涉农产业体系发展平台，培育农业经营体系发展新动能，构建乡村生态体系屏障。通过以上努力，旨在形成产业突出、业态丰富、特色鲜明、环境优美、乡村文明、综合效益提升、农民充分受益的美丽田园综合体。

功能分区：规划形成“一心一链双带三区”的总体功能布局。其中，“一心”为有机农业种植示范研学基地；“一链”为双庙有机农产品产业链；“双带”即美丽乡村田园绿道文化景观带、美丽乡村滨水景观带；“三区”即有机稻米生产区、有机果树种植区、农旅文化休闲区。

功能定位：将园区打造成为农村生产、生活、生态“三生同步”，一二三产业“三产融合”，农业、文化、旅游“三位一体”的建设集中地。以大力发展立体农业、绿色农业、创意农业、数字农业、现代农业、休闲农业为目标，实现农村建设、生态保护、农民增收、农业发展等方向的同步迈进，并对周边地区起到示范作用。

建设重点：以乡村基础设施建设、公共服务配套建设、有机农业产业链延伸、绿色农业示范种植、田园研学教育、休闲农业与乡村旅游开发等内容为重点，完成“一心一链双带三区”总体布局的要求。具体建设项目包括双庙乡海亮精品商业街、翁森文化展览馆、全乡高标准农田建设、双庙乡农贸交易中

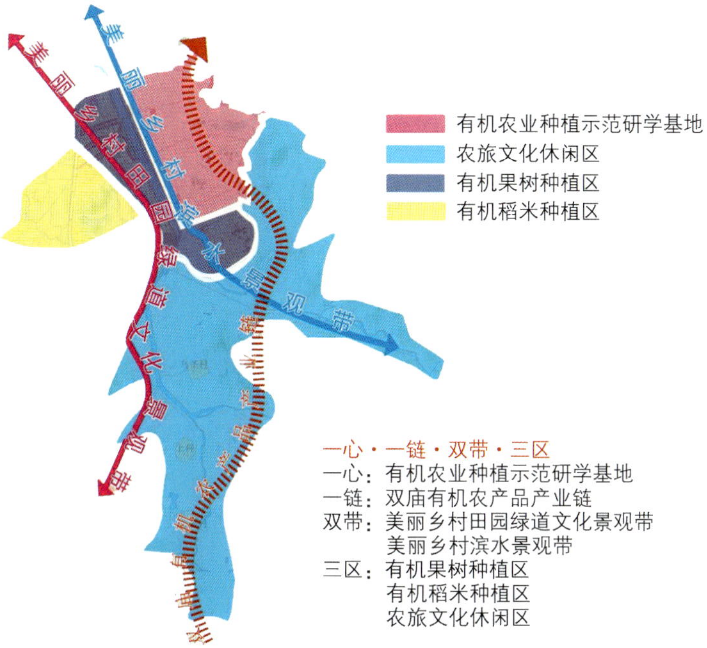

双庙乡美丽田园综合体功能分区

心、括苍精品村、有机地栽作物生产基地、有机农业禽类饲养基地、青少年阳光素养教育基地等。

投资估算：田园综合体项目实施年限为2018—2020年，计划投资约21 473万元，其中政府投资约8 988万元，约占总投资额的42%；企业自筹约12 485万元，约占总投资额的58%。

经济效益：通过创建“翁森故里·花园双庙”美丽田园综合体，大力发展休闲农业、生态农业、有机农业，有效拓展农业功能，提升产业价值链，培育农业新的增长点，提高土地产出率、资源利用率、劳动生产率，促进农业增效、农民增收和集体经济发展壮大。通过改善生态环境、挖掘历史文化以及新建公共服务体系，完善与美丽田园综合体建设相适应的基础设施。在建设过程中应充分发挥海亮集团明康汇生态农业集团有限公司的领头羊作用，建立“公司+村股份经济合作社+家庭农场”的统一经营模式，保障村级集体经营性资产和个人经营性资产的保值增值。注重统筹土地资源，招引其他企业及合作社入驻，统一使用“有机双庙”品牌，最终实现共建共营、共营共享、共享共赢。预计到2020年，全乡年农业产值1.42亿元，增长50%；农村居民人均可支配收入19 000元，增长58%。主导产业产值占比80%，增长率56.7%，年游客接待量达到 150 万人次以上，增长率 85%。

社会效益： 本项目社会效益十分显著。一是美丽田园综合体的建设对当地发展主导优势产业具有良好的示范和推动作用，有利于优化双庙乡农业产业结构，提高农产品品质和科技含量，增强全市农产品在国内外市场的竞争力。二是双庙乡农业休闲观光产业的建设为城乡居民提供了良好的休闲旅游场所。三是通过建设农产品加工区，可以带动相关产业的生产、加工、包装、销售等产业的发展，以海亮有机农业示范基地为基础，提高农业产业集聚规模，打响特色农产品品牌，形成贸工农一体化、产加销一条龙的发展格局，推进双庙乡经济转型升级。四是通过拓展第二、第三产业以及各经营主体项目的实施，在仓储、冷藏、加工、流通各环节增加 2 000 个就业岗位，带动农民增收致富。

生态效益： 美丽田园综合体的建设有利于改善和提高双庙乡的生态环境质量，使其成为宜居宜游的休闲农业产业。美丽田园综合体的建设将着力结合推进“美丽乡村”“五水共治”“三改一拆”等政府重点工程项目建设，带来优良的水质水体、良好的生产环境和人居环境，从而产生较高的生态效益。通过对农田水利、道路和周边环境的综合治理以及基础设施的配套建设，不仅美化田园环境，还提高了农田抵御自然灾害的能力，进一步夯实生态环境的基础，有效推进美丽田园综合体生态环境的长效治理。

双庙乡美丽田园综合体规划效果组图

鲁家农业高科技示范园景观设计方案

2005 年 8 月，时任浙江省委书记的习近平同志在浙江湖州安吉考察时，提出了“绿水青山就是金山银山”的科学论断。

2017 年 10 月 18 日，习近平总书记在十九大报告中指出：坚持人与自然和谐共生。必须树立和践行绿水青山就是金山银山的理念，坚持节约资源和保护环境的基本国策，像对待生命一样对待生态环境，统筹山水林田湖草系统治理，实行最严格的生态环境保护制度，形成绿色发展方式和生活方式。

“绿水青山就是金山银山”是安吉发展的指南，也是鲁家村脱贫致富的秘诀。绿水青山是鲁家村发展建设的基础，而好的环境基底为鲁家村的现代农业发展提供了很好的载体，现代农业进一步的发展又为鲁家村的经济带来了客观的效益。

2013 年，中央 1 号文件首次提出建设“美丽乡村”的奋斗目标，进一步加强农村生态建设、环境保护和综合整治工作。

2017 年，中央 1 号文件提出“田园综合体”概念，“支持有条件的乡村建设以农民合作社为主要载体，让农民充分参与和收益，集循环农业、创意农业、农事体验于一体的田园综合体，通过农业综合开发、农村综合改革转移支付等渠道开展试点示范。”

鲁家村位于浙江省安吉县。安吉县地处浙江西北部，是我国唯一获得联合国人居奖的县、中国首个生态县、“两山”重要思想诞生地，鲁家村则是浙江省首家休闲农业合作社诞生地。鲁家农业高科技示范园位于鲁家村中心区域，被鲁家村 18 家农场环抱其中，是以生态产业开发、生态环境保护运用为宗旨，集科普教育、种植养殖、运动休闲、农业观光、餐饮娱乐于一体的绿色生态产业园。

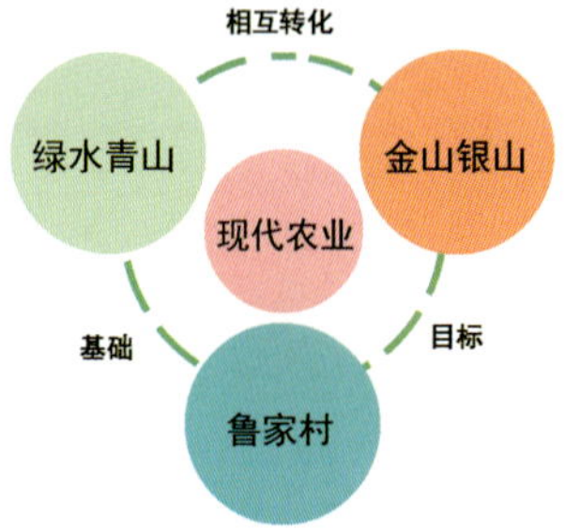

鲁家村绿水青山与金山银山转化示意图

鲁家村田园综合体的建设以鲁家村为核心，辐射带动周边南北庄、义士塔、赤芝 3 个行政村，构筑“1+3”格局。规划场地位于鲁家村的西南侧，规划面积 298 亩。

该地块地形较为平坦，主要有两个小水面和一条边界水沟，几个水体位置相隔较远。种植的农作物以稻谷和玉米为主，大棚种植基地较多。小火车铁轨北边有一大块草坪空间，地形也较为平坦。场地南面有一水体，水体面积较小，水面与周围场地有一定高差。小火车北侧有一水体，已经做了一部分改造，水体面积较小，场地周边为儿童游玩的沙地。场地南边范围红线与一条水溪相邻。

该地块植被：小火车北侧场地现状以大面积农作物种植为主，景观较为单一。南侧现在以服务性景观为主，有种植水稻、玉米的，也有种植竹子、桃子、大棚葡萄、荷花的，种植荷花的景观效果较好。

该地块道路：场地中部靠南的位置有一条东西向铁轨将场地分隔开，铁轨一侧设有火车车厢餐厅和公共厕所；场地内主要道路为东北-西南朝向。有一条贯穿场地南北的主路，道路一侧为葡萄大棚，另一侧为玉米、水稻等农作物种植田。场地北部道路少而破旧，景观效果差；场地南侧园路布置相应较多。瓜果长廊贯穿场地南北向，长廊两侧为农田景观，整个农田上有葡萄廊架。

场地内建筑较少，最大的是场地北侧的农民房，建筑面积较大，保留比较完整；红线边界处也有普通农民房。有一处景区特色商业建筑，建筑周边大树树形较好。此外，还有葡萄种植温室。

愿景：①树立国家级田园综合体的现代农业样板，以农业景观为基底，融入高新农业科技，传承地域农业文脉，梳理后农业景观发展方向，为人们展示一幅优美的未来农业画卷。②打造两山学院的现场示范区，以鲁家两山学院为灵魂、鲁家农业高科技示范园为载体，形成“意识形态指引”与“农业发展新模式探索”的组合拳，带动周边新农村发展，辐射全国，引领未来农业新方向。③融合“田”“家”“乐”于一体的未来农场，包括未来田园——建立数字农业云平台，实现人工智能全覆盖，集农业科技、产业联动于一体；智慧家园——科技展现智慧的家庭农业、温情展望人与农业的和谐关系；生命乐园——重塑田园生命活力，自然教育唤起人们对农业的尊重。

定位：未来农业，溯源初心。描绘一幅丰饶、恬静、美丽的田园风景画，把家庭生活搬到农田，在蔬菜瓜果之间感受自然的魅力，找寻未来家庭园艺生活的崭新方式。创造一个智慧田园，数字化与人工智能交相辉映，体验未来科技给农业带来的史无前例的发展。营造独一无二的生命乐园，遇见生命生长的神奇，聆听自然教育的奥秘，举办脑洞大开的乡村造物节、趣味的五谷大讲堂……用未来农业语言重新定义田园综合体，引领新田园主义风潮。

该项目设计景观分四个区块：核心区、智慧家园、未来田园、生命乐园。

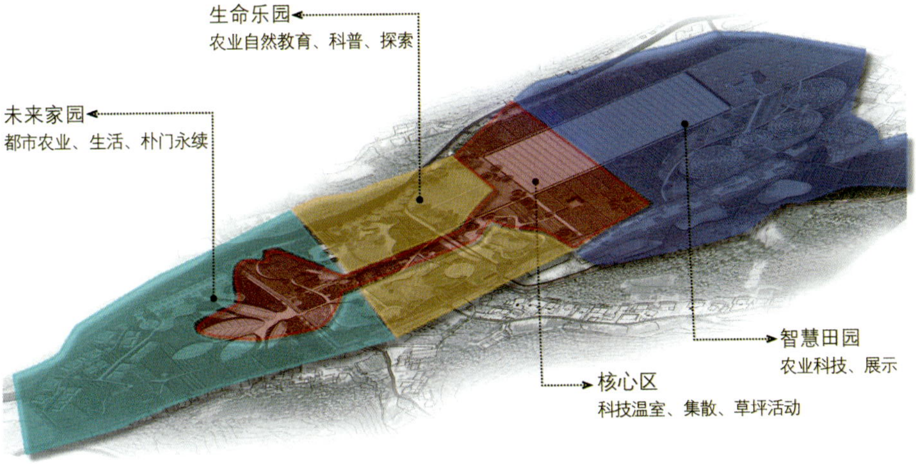

鲁家农业高科技示范园景观分区

核心区块位于场地的中部区域，将场地一分为三。场地北面有未来田园，西面有智慧家园和生命乐园。此区域主要景观有小火车停靠站、游客集散广场、景观水池、阳光草坪、阡陌纵横、菜地以及部分花海。

在核心区块的水体景观营造方面，在水边设置木栈道、座椅；驳岸采用木桩驳岸，回归自然；在水体东北方设置一座木吊桥，增加游客游玩兴趣，丰富水上活动。

在核心区块的道路景观营造方面，道路设置形式采用线条交错，灵感来源于陶渊明《桃花源记》中的“阡陌纵横”一词。

在核心区块的植物景观营造方面，花海部分的植物主要采用马鞭草、金鸡菊、波斯菊等自播能力较强且景观效果好的植物。

在核心区块的构筑景观营造方面，贯穿“自然教育”的主题，设置种子魔方等具有科普教育的小品构筑。

智慧家园区块位于场地西南侧，场地内部有“行走的家”及未来家庭展示区。其中“行走的家”包括房车营地、田野部落和下沉式的篝火区三部分，房车营地为房车提供停靠场地，田野部落主要是为野营、搭帐篷的游客提供相应的场地。

智慧家园有更多生命与温度。利用垂直空间、屋顶空间和庭院空间，在墙面、栽培架、桌子上种植果蔬、香草、多肉植物等，多种植物与环境完美融合，一花一叶里，无处不透出浓浓的温情与自然气息。智慧家园定位于做低碳环保、绿色建筑、绿色生活的宣传者、设计者和建设者，打造集农业生产、能源自给、生活居住等多种功能为一体的综合家庭农场。

未来家庭展示区位于服务区的东侧，主要为了展现科技在家庭农业中无处不在。其主要展示室内、室外的农业科技，是以家庭为载体，以家庭成员之间的亲情为纽带，综合利用新一代信息技术创造出的更高效、舒适、安全、便捷的个性化家居生活。

“行走的家”位于家园场地的西边，是与相关机构进行合作，为游客提供房车体验、户外露营的场所。其周边为农田景观，别具一格。

未来田园区块位于场地的中部区域，主要包括由彩色油菜田、彩色水稻田、瓜果长廊和观景台组成的数字农田；由生长迷宫、蔬菜秘境组成秘密田园；由鱼菜共生池组成的水上田园。田园区块以高科技农业技术为支撑，运用景观的手法，对原有的农田进行提升，打造高科技农业技术应用平台。游客置身于田园的自然风光中，可一边感受大自然的美妙，一边体验最新科技带来的奇幻之旅。

数字田园是鲁家农业高科技示范园中农业高科技的重要载体。在这里，我们能看到目前最先进的农业高科技，引领未来农业的高精尖发展方向。智慧化的数字农业较过去人工机械的效率大幅提升，凸显出资源节约型、环境友好型农业的发展未来。田园中有瓜果长廊、保留葡萄农棚、桃源里、五彩田园等。

秘密田园位于设计场地的东北角，由迷宫和一个狭长形的蔬菜秘境组成。五个大小不一的圆形迷宫依次排列，两瓣形似茶叶形状的叶片包裹着迷宫，从高空俯瞰宛若一串象征五谷之一“菽（大豆）”的豆荚。在迷宫之中，游客可以真正进入五谷，探寻田园的秘密。田园中有生长的迷宫、蔬菜秘境等。

水上田园依托“鱼菜共生系统”，将水产养殖与蔬菜、水稻等作物的生产结合在一起，游客可以划舟赏鱼观菜，近距离接触自然，进行水上采摘、游玩、观赏等活动。

未来智能温室是鲁家农业高科技示范园中的重要科技平台。智能温室中配备了数字化全自动的温湿度管理系统、水肥浇灌控制系统、智能温室开窗系统、智能温室通风循环系统等，仅需要极少的工作人员就能满足温室的日常管理，实现自动化作业、智能化控制、工厂化生产、无土化培植、立体化种植等多重技术功能，引领现代农业的发展。温室群分散布置，有智慧栽培区、彩色农业区、空中蔬果区、瓜果风光区、良种繁育区、采摘体验区六大区块。

鲁家农业高科技示范园平面图

生命乐园位于场地中心，占地面积 79 亩。其景观设计以农业自然教育为主题，秉承“最田园、乐亲子、学自然”的倡导模式，并以农作物的生长历程为线索进行景观分区设计。

生命乐园入口位于已规划小火车轨道和贯穿全园的主路相交处。主路东侧分布有种子大世界、爱的伊甸园等主题景点，主路西侧分布有奇瓜异果城、自然教育营地等主题景点。

种子大世界区位于入口区东侧，景观设计主题对应作物生长过程中的播种阶段。魔方广场上放置“种子魔方”组合雕塑，雕塑表面展示作物种子标本；局部拓宽园路开设有机集市，既为采摘的人们提供便利，又为其他游客提供了一个购买有机农作物的场所；设有播种体验田，让游客参与作物生长历程，体验种植乐趣；周边还设有五谷讲堂。

爱的伊甸园区块主要表现全园的婚庆主题，景观设计主题对应作物生长过程中的幼苗阶段。保留场地原有广场和舞台，舞台可供新人举行婚礼，广场前预留大草坪用作 VR 技术体验，晚上结合灯光秀，用作晚宴、聚会等活动场地。展示长廊放置在广场后侧，作为舞台的背景。广场一侧被田园花海围合，营造浪漫温馨的氛围。田园花海既极具观赏性，又可以作为合作影楼的摄影基地。

奇瓜异果城位于场地南边，景观设计主题对应作物生长过程中的成熟阶段。奇瓜异果城设有南瓜灯市贯穿全园，并且利用大型瓜果组合小品和造型建筑来营造光怪陆离、魔力四射的景观效果。全年有丰富的节事活动，带游客走进精彩的瓜果世界。

自然教育营地位于场地西侧，包括树屋区、砂石游乐区、种植体验区、水上活动区等。本区的设计理念为“观自然，乐亲子，享田园，传递爱——在自然中成长”，试图将其打造承载农业自然教育的最好场所。

本案还对鲁家农业高科技示范园做了专项设计，内容包括服务设施、游览系统、园路铺装、照明设施、趣味小品等。

乡村振兴

XIANGCUN ZHENXING

建德市黄饶半岛
乡村振兴农业产业总体规划

本项目位于浙江省杭州市建德市，有杭新景高速、杭千高速、杭黄高铁、金建高铁等重要交通临近，距杭州 120 千米，车程 2 小时；距桐庐 50 千米，车程 50 分钟；距淳安 30 千米，车程 1 小时。

规划范围：红线范围内用地面积约 11 000 亩，其中村庄面积约 800 亩，耕地面积约 3 000 亩，大部分为山林地。

规划期限：5 年，即 2018—2022 年。

愿景：激活生态文化特色资源，充分挖掘 17°新安江、下涯湿地等优越的山水资源，以及洋溪老街、梅城古镇、乌龙山等建德文化资源，综合黄饶半岛的整体生态环境和度假休闲产业基础，依托生态核心竞争力，以“农业科技创新”为驱动引擎，以“生态农业、有机农业”为主题，打造区域性的乡村振兴战略实施示范区。

总体定位：利用 17°新安江的独特山水景观，依托生态核心竞争力，以“生态保育”为基础，以“农业科技创新”为驱动引擎，以“生态农业、有机农业”为主题，带动农业特色产业、农业创意产业、农业旅游产业共同发展，

黄饶半岛乡村振兴农业产业项目鸟瞰图（高铁新区管委会提供）

打造集现代农业展示、农业科技研发、科技成果转化、生态农业示范、创意农业体验于一体的乡村振兴现代农业生态示范区，将黄饶半岛打造成“立足浙江、对接全国、面向世界”的东方农业硅谷，打造国际新名片。

发展目标：一窗口、一基地、一平台——生态农业、有机农业的展示窗口，现代农业科技的示范基地，乡村振兴的推动平台（乡村振兴示范点、乡村振兴现代生态农业示范区、农业科技示范基地、长三角生态旅游胜地）。

发展策略：空间一体化发展策略、产业一体化发展策略。

功能分区：“两心、三区”。

“两心”为农业科技示范中心和游客服务中心。其一为农业科技示范中心，占地 230 亩，该中心以农业设施工程为主体，是推动农业科技成果转化的重要平台，对于转变农业发展方式、加快农业现代化进程具有十分重要的意义。具体包括现代农业科技馆、作物新品种展示区、智能装备集成展示区、未来家庭农场、农业高新技术培训中心、农业科普教育、研学基地等建设内容。其中，现代农业科技馆以智能温室为载体，主要进行草莓和果蔬设施化栽培展示、果蔬标准化生产、奇瓜异果展示、工厂化良种繁育、参观游览等。

其二为游客服务中心。在村庄原文化礼堂基址上改扩建游客服务中心，规划建设游客服务中心建筑面积约 2 500 米^2，停车场面积约 1 000 米^2。游客服务中心集游客服务、商店、餐饮、停车场等公共服务于一体，并展示蔬菜花园、立面种植、农业科普等农业知识。

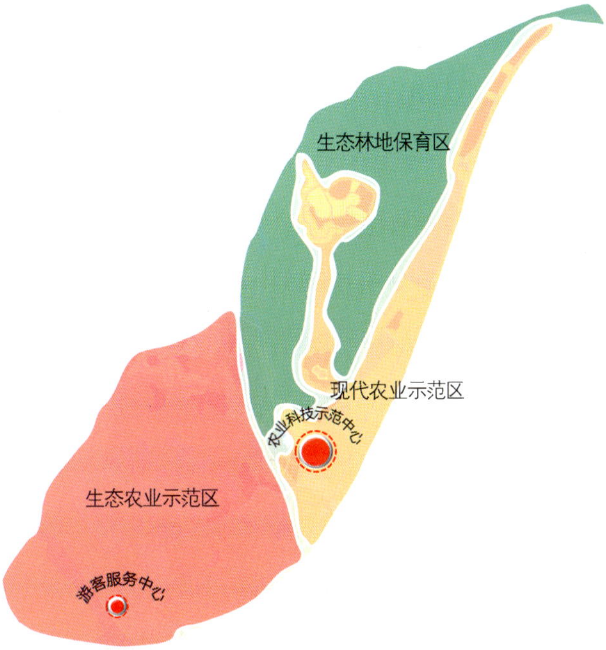

黄饶半岛乡村振兴农业产业项目功能分区

“三区”为生态农业示范区、现代农业示范区和核心保育区。其一为生态农业示范区，该区以生产、生活、生态集成模式谋划农业生产发展、农民生活改善和生态环境保护。根据黄饶半岛的资源环境、市场区位、产业结构和生产传统、技术经济发展水平等因素，选择符合当地实际的生态循环农业模式，注重生态循环各环节之间的相互衔接和互补。其主导功能包括空间协同利用模式、时间高效利用模式、能量物质循环利用模式、功能拓展模式等。

其二为现代农业示范区。依托场地优质的环境优势，在区域内实施科教战略，强化园区的科技创新，促进农业科技研究试验，示范推广和科技成果转化，加强科技培训；实施品牌战略，通过专业性、综合性科技园建设的有序推进，做大做强主导产业。在这里，我们能看到目前最先进的农业高科技，引领未来农业的高精尖发展方向。现代农业较过去人工机械的效率大幅提升，凸显出资源节约型、环境友好型农业的发展未来。利用建德现有农业资源，重点发展果蔬、中药材、茶叶、里叶白莲四大特色产业，结合现代农业科技发展技术，重点开展优势特色产业基地建设，提高农业综合生产能力。

其三为核心保育区。在本规划期内以生态保护修复为主，基本不进行高强度开发建设，除了必要的保护、解说、游览、休憩和安全、环卫、管护站等设施以外，不得规划建设住宿、餐饮、购物、娱乐等设施。核心保育区尽可能保留原栽树林，不翻地耕作、不清理林间落叶、不用药施肥、不增设人工光源，以保持生境稳定。在坡度6°以上25°以下的非耕地范围内，安排符合当地经济社会发展实际需求、适宜建设的项目，禁止工业项目、别墅类房产开发项目，严格控制其他房地产开发项目，规划发展休闲、登山、徒步、探险等户外活动。

农业产业布局：利用建德现有农业资源，考虑区域经济发展，重点开展优势特色产业基地建设，提高农业综合生产能力，增加农民就业和农民增收。整合提升建德优势产业，具体包括传统粮油产业，以及果蔬、中药材、茶叶、里叶白莲四大特色产业，其中果蔬以柑橘、蓝莓、草莓为主，中药材以铁皮石斛、藏红花为主。

农业绿色发展技术应用：节能低耗智能化农业装备、耕地质量提升与保育技术、化肥农药减施增效技术、农业废弃物循环利用技术、种养加一体化循环技术模式、农业面源污染处理技术。

生态廊道控制规划：滨江退线管控区、生态绿楔控制区、生态保育区。

本案还对道路系统、四季游览路线、农田水利、农业精品园建设、美丽乡村建设、农业生态环境保护建设、农产品市场流通与品牌战略建设、农业技术推广服务体系建设、农业基础平台引领建设等做了规划。

黄饶半岛乡村振兴农业产业规划效果图

投资估算：见下表。

投 资 估 算 表

项目名称	数　　量	费用（万元）	投资模式
一、游客服务中心建设	4 500 米^2	1 100	政府补贴
二、农业科技示范中心建设	230 亩	10 200	政府补贴＋招商引资
现代农业科技馆（温室）	20 000 米^2	6 000	
作物新品种展示区	50 亩	1 600	
智能装备集成展示区	80 亩	2 200	
未来家庭农场	15 亩	300	
农业高新技术培训中心	200 米^2	100	
三、农业精品园建设	—	16 100	
藏红花有机种植基地	337 亩	1 000	农民合作社、家庭农场
生态茶园	200 亩	500	农民合作社、家庭农场
药草谷	600 亩	5 000	招商引资
“建德果蔬乐园”标准化精品园	850 亩	5 000	招商引资
现代家庭农场示范点	130 亩	600	政府补贴＋家庭农场
户外拓展乐园	200 亩	3 000	招商引资
优质粮油种植区	528 亩	500	农民合作社、家庭农场
稻菜轮作示范基地	478 亩	500	农民合作社、家庭农场
四、美丽乡村建设	—	5 000	政府补贴＋招商引资
五、农业生态环境保护建设	—	3 000	政府补贴
六、农产品市场流通与品牌战略建设	—	1 500	政府补贴＋企业自投
七、农业技术推广服务体系建设	—	3 000	政府补贴
八、农业基础平台引领建设	—	1 000	政府补贴
合　计		40 900	

永嘉县省部共建乡村振兴示范县创建方案

永嘉县位于浙江省东南部，瓯江下游北岸，东邻乐清、黄岩，西连青田、缙云，北接仙居，南与温州市区隔江相望，地处我国东南沿海经济密集带和对外开放带的前沿位置，绝大部分属低山丘陵地区，是典型的“八山一水一分田”的山区县。

永嘉县是全省 26 个加快发展县之一，是浙江省县域面积第四的山区农业大县，其最大的县情是城乡发展不平衡、农村发展不充分，这也是浙江省乃至全国山区县市发展的缩影。因此，如何加快乡村振兴是永嘉最大的课题，永嘉也是实施乡村振兴战略最好的试验田。

永嘉县 2018 年以实施乡村振兴战略和全省大花园战略为契机，实行“五大双百”行动，编制了全县乡村振兴规划，并高标准打造了“岩坦楠溪古韵”“鹤盛山水诗画”等 3 条乡村振兴示范带，特别是率全市之先完成岩坦楠溪古韵示范带建设，水陆并进，打造了永嘉版的“一带一路”，仅国庆期间就接待游客 5.6 万人次，收入 6 000 余万元，浙江省领导车俊、周江勇、熊建平、陈伟俊、史济锡等先后到永嘉县视察。浙江省委书记车俊在考察时，便用“过程很辛苦，结果很甜蜜”进行点赞，并表示“今后学习考察乡村，不用去欧洲，就去永嘉”，对该县乡村振兴工作给予了极大的肯定。

为全面贯彻党的十九大和十九届二中、三中全会精神，深入实施乡村振兴战略，推动农业全面升级、农村全面进步、农民全面发展，根据浙江省委、省政府《全面实施乡村振兴战略高水平推进农业农村现代化行动计划（2018—2022年）》以及《浙江省农业厅关于开展省部共建乡村振兴示范县申报工作的通知》的精神，结合永嘉农业农村发展实际，充分挖掘地域特色，发挥永嘉生态、旅游、人文历史资源优势，全力打造全省乡村振兴样板，特制定本创建方案。

永嘉县省部共建乡村振兴示范创建模式示意图

创建优势：一是拥有敢谋新篇的改革基因。早在1956年就开创了全国包产到户的先河；进入新时代，推出“十大农村改革举措”助力乡村振兴，特别是在全省率先建立的市场化农村产权交易平台，被列为全国农村集体产权制度改革试点县。二是拥有得天独厚的环境禀赋。永嘉素有“永远的山水诗，最美的桃花源”的美誉，楠溪江更是国内唯一以山水田园风著称的国家级风景区，荣获“全国最佳乡村旅游度假目的地”和全省唯一的“中国最美当代世外桃源”称号。三是拥有百花齐放的产业优势。现代农业产业高速发展，特色旅游产业全面提升，成为全国首批民宿产业发展示范区和全国生态特色旅游县。四是拥有源远流长的文化底蕴。永嘉作为千年古县，文化底蕴深厚，耕读文化更是独树一帜，复活消失了30多年的“船工文化”，活态传承“永嘉昆剧”“温州莲花”“永嘉花鼓”等永嘉非物质文化遗产，新编大戏《孟姜女送寒衣》荣获了国家艺术基金资助。五是拥有质数并优的乡贤群体。近五年来，累计招引108个总投资1 166.5亿元的招商项目，其中乡贤回归带来的产业项目占全部数量的93%。

指导思想：认真贯彻党的十九大和十九届二中、三中全会精神，高举习近平新时代中国特色社会主义思想伟大旗帜，坚定走中国特色社会主义乡村振兴道路，按照“产业兴旺、生态宜居、乡风文明、治理有效、生活富裕”的要求，全面实施乡村振兴战略，围绕“一带两城五组团”发展布局，以系列重大工程重点项目为支撑，大力推进城乡融合发展，强化乡村振兴产业支撑，建设幸福美丽乡村，大力提升乡村治理能力，打造乡风文明高地，拓宽实现生活富裕的渠道，高水平推进农业农村现代化。

基本原则：坚持农业农村优先原则，坚持乡村全面振兴原则，坚持农业可持续发展原则，坚持因村制宜突出特色原则，坚持城乡协调发展原则。

发展定位和目标：深入实施乡村振兴战略，进一步深化农村改革，建立以山区资源为主的农业农村发展体系，形成一系列可复制可推广的永嘉模式，为全省乃至全国全面实施乡村振兴战略、高水平推进农业农村现代化提供更多经验和样板，努力将永嘉打造成为全国山区农旅融合型乡村振兴示范区。到2022年，乡村振兴取得阶段性成效，农业农村现代化水平达到全省中等层次以上，实现农村产业融合发展、乡村环境明显改善、乡风文明充分彰显、基层治理和谐有序、农民收入大幅提升。到2022年，农业农村现代化加快推进，全县农林牧渔业增加值年均增长2%，粮食综合生产能力达1.9亿千克，农业增加值达到16.56亿元，旅游业增加值占比12%以上，年接待游客1 500万人次以上，休闲农业和乡村旅游接待人次达732万人次，旅游从业人数占就业比重12%以上，农村居民收入13%以上来源于旅游收入，电子商务配送服务网点村占比75%以上。

发展布局：“一带两城五组团”。

“一带”即瓯江北岸城市带。坚持新型工业化和新型城市化双轮驱动，先进制造业与现代服务业互促并进，进一步提高城市公共服务和精细化管理水平，着力打造温州大都市区江北新城、温州都市型经济升级样本，跨江与市区共同打造瓯江沿线“小外滩”形象。

“两城”即两大功能城区。坚持把两大功能城区作为推动新型城市化的主战场，以道路互联互通为先行，引导城市功能向中间地带和关键节点延伸，推进“两城”相向联体发展，打造沿江与山区融合发展的重要引擎，助推建设沿（瓯）江拥（楠）溪环山的温州大都市北部重要区块。

“五组团”即山区五大组团。坚持产镇融合、区域联动，按照地域相连、产业互动、功能互补的原则，强化“产业跟着定位走、项目跟着产业走、要素跟着项目走”的导向，精心打造山区五大组团，具体包括文旅服务型组团、休闲养生型组团、源头生态型组团、森林度假型组团、农旅融合型组团，努力实现资源互惠互利、设施共建共享的抱团式、共赢式、差异化发展。

七大重点项目包括城乡融合发展项目、农业产业发展项目、休闲旅游提升项目、美丽乡村建设项目、综合治理提升项目、交通网络改善项目和数字经济创新项目。

其一为城乡融合发展项目。该项目总投资约 35 亿元，重点推进 12 条乡村振兴示范带建设，高要求打造重点乡村振兴示范村，加快创成 5A 级旅游景区及一批特色的旅游风情小镇，建成 A 级景区村庄 100 个。进一步推进城乡融合“一带两城五组团”发展布局建设，构筑乡村振兴新格局。

其二为农业产业发展项目。该项目总投资约 29 亿元，重点打造 1 条“种植—加工—体验—销售”年产值 2 亿元以上的茶叶全产业链，创建美丽牧场 10 家以上，推动三产融合发展。

其三为休闲旅游提升项目。该项目总投资约 31 亿元，重点建设以石桅岩景区为核心、周边精品景区为呼应的“月亮板块”，联动推进屿北整村开发、南陈温泉小镇、岩坦舴艋舟等一批“旅游＋”项目，推进旅游全域化、产业化、精品化发展。

其四为美丽乡村建设项目。该项目总投资约 8 亿元，重点开展“美丽田园”“美丽林相”等建设行动，全面整治田园环境，建设楠溪江省级湿地公园，建成万亩美丽田园，国际生态文明示范乡镇占比达到 80%以上，实现全域景区化。

其五为综合治理提升项目。该项目总投资约 31 亿元，旨在加快农村基层党组织建设，推广“党建联盟”等优秀做法，完善农村监督管理制度，重点打造温州市监管中心、永嘉县职业教育中心一期工程等项目，提升三治融合的乡村基层治理体系。

其六为交通网络改善项目。该项目总投资约 222 亿元，重点推进杭温高铁永嘉段、104 国道温州西过境公路永嘉段改建等工程，融入温州大都市建设，“三高一轨”交通支撑和“九桥相连”融合发展，打通快进慢游的交通网络，构建全省 1 小时、中心镇半小时、景区微循环三大“交通圈”。

其七为数字经济创新项目。该项目总投资约 2 亿元，深入推进“互联网＋”现代农业行动，打造一批区域公共品牌、企业品牌和特色农产品品牌，建成省级“机器换人”示范乡镇 1 个、现代农业物联网示范基地 6 个，推动线上线下同频共振，构筑特色农产品线上销售的农村电子商务网络。

主要举措：深入实施乡村振兴“五大双百”行动，构筑“农村创新改革、山区岙域经济、文化创意提升、村企合作共建”四大发展模式；以打造 12 条示范带为主抓手，打破城乡二元结构，优化城乡融合发展布局，发展壮大农村产业经济，推动农业农村经济转型升级，按照“镇区景区化，景区全域化”的思路，建设生态宜居景区村庄，争创国家级生态文明建设示范县，提升百里楠溪民宿带建设，推动休闲旅游产业发展，做好农旅融合、文旅融合两大文章；在见山望水的基础上，寻找传统记忆与乡愁，深化文明村镇创建活动，活态传承“永昆”等永嘉非物质文化遗产，加强农村基层党建引领，提升基层三治融合治理，改善和保障农村民生。

创建保障：建立县委、县政府领导挂帅的乡村振兴领导小组，创新建立乡村振兴协调议事机制，建立“倒带制”；健全实施乡村振兴战略财政投入保障机制，推广乡村振兴系列贷款等创新举措；引导社会力量参与农业农村建设，不断完善用地保障、金融服务、科技创新等方面相关政策体系；加强政策保障和制度供给，推动“最多跑一次”改革等公共服务不断向乡村延伸。形成一系列可复制可推广的乡村振兴城郊山区模式，为全省乃至全国全面实施乡村振兴战略、高水平推进农业农村现代化提供更多永嘉样板和永嘉经验。

遂昌县省部共建乡村振兴示范县创建方案（2018—2022年）

遂昌县位于浙江省西南部，是钱瓯两江源头，东邻武义、松阳，南接龙泉，西连江山和福建浦城，北毗衢州衢江、龙游、金华，总面积 2 539 千米^2。县政府所在妙高街道距杭州 240 千米，距浙赣铁路线 60 千米，距金温铁路线 110 千米，龙丽高速公路和 50 省道穿境而过。

2018 年，浙江省启动省部共建乡村振兴示范县创建，遂昌县人民政府积极响应，结合《全面实施乡村振兴战略高水平推进农业农村现代化行动计划(2018—2022 年)》《乡村振兴战略规划（2018—2022 年)》等文件精神，立足遂昌县实际情况，制订本创建方案。

本方案实施范围为遂昌县全县范围，总面积约为 2 510 千米^2，包括妙高街道、云峰街道、北界镇、大柘镇、石练镇、金竹镇、黄沙腰镇、新路湾镇、王村口镇、焦滩乡、应村乡、湖山乡、濂竹乡、高坪乡等 7 个镇、2 个街道、10 个乡、1 个民族乡，7 个社区、5 个居民区、390 个行政村。

本次实施期限为2018—2022年，其中近期为2018—2020年。

指导思想：全面贯彻党的十九大精神，以习近平新时代中国特色社会主义思想为指导，加强党对“三农”工作的领导，坚持稳中求进的工作总基调，牢固树立新发展理念，落实高质量发展的要求，把解决好“三农”问题作为全党工作的重中之重，坚持农业农村优先发展，坚持“绿水青山就是金山银山”战略指导思想，推进农旅深度融合，加快转变农业发展方式。围绕“一产提质、二产提升、三产提振”的发展思路，加快遂昌县产业结构调整，推进产业集聚发展，增强科技创新能力，切实壮大健康农业、生态工业经济实力，推动全域旅游高质量发展。通过“四结合”，即“十三五”农业发展和县域实际相结合、和休闲农业与乡村旅游相结合、和农产品电子商务及农业信息化相结合、和主体培育龙头带动相结合；“四加强”，即加强科技兴农、加强人才强农、加强绿色惠农、加强市场活农；建设“五个平台”，即绿色惠农卡平台、科技兴农平台、国家级现代农业示范区平台、农业“三区”及特色小镇平台、农业信息服务平台，走出一条产出节能高效、产品安全、市场欢迎、资源节约、环境友好的具有遂昌特色的发展道路。

形象定位：“五行遂昌、一诺千金”。

总体目标：按照乡村振兴战略和“建设美丽幸福大花园”的要求，到2020年，全面巩固和深化“千村示范、万村整治”工作成果，着力打造美丽乡村升级版，实现美丽乡村建设工作继续保持前列、农村人居环境明显改善，乡村治理体系进一步完善、农业农村现代化取得明显进展，成功创建省部共建乡村振兴示范县，实现基于主客共享、生态产品价值实现机制探索的山区发展模式，力争成为中国特色乡村振兴的领跑者。全县农业增加值突破14.86亿元，农林牧渔业总产值突破20亿元，农民人均可支配收入达到21 000元；培育15个乡村振兴示范村，新建120家文化礼堂，打造100个A级景区村。

功能布局：“一心六区”。

“一心”即全域旅游综合服务中心，包括妙高街道以及三仁畲族乡区域，主要涵盖汤显祖文化、三仁乡的畲族文化和好川文化等文化旅游资源，同时是整个遂昌县交通组织和旅游服务核心。依托现有龙丽高速以及衢宁铁路、G528国道、S323省道等交通优势，以汤显祖文化、好川文化及畲族文化等为核心吸引物，深入挖掘遂昌文化内涵，全方位、动态化地复兴、活化遂昌文化。辅以各类文化场馆、特色街区、旅游综合体、滨水景观设计、各类休闲业态，完善提升旅游基础和服务设施，营造文化休闲氛围。同时以全年不间断的节事活动为整合带动手段，将其整合成为独具特色的全域旅游综合服务中心。

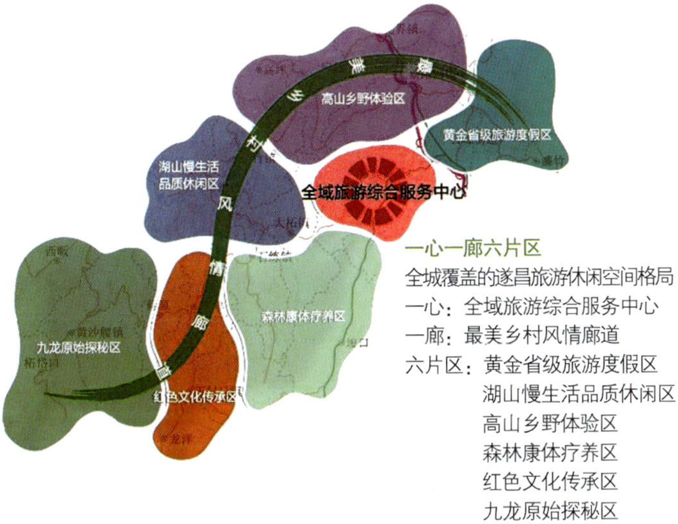

遂昌县省部共建乡村振兴示范县创建项目功能分区

“六区”包括黄金省级旅游度假区、高山乡野体验区、湖山慢生活品质休闲区、森林康体疗养区、红色文化传承区和九龙原始探秘区。

其一为黄金省级旅游度假区，包括濂竹乡以及妙高街道和云峰街道部分区域，主要涵盖遂昌金矿国家矿山公园、中国竹炭博物馆等产业旅游资源和生态资源，以及鞍山书院、长濂村等文化资源。以遂昌金矿国家矿山公园为核心，依托良好的生态环境优势，通过整合中国竹炭博物馆、鞍山书院、长濂村等旅游资源，进行项目提升、景观提升、配套服务设施完善等，开发山水观光、文化体验、养生度假、乡村旅游等产品，打造一个集养生、度假、休闲娱乐于一体的遂昌省级旅游度假区。

其二为高山乡野体验区，包括高坪乡以及应村乡、北界镇、新路湾镇部分区域，主要涵盖北斗崖景区、白马山国家森林公园等山水生态资源以及高坪新村、石坪村、茶树坪村、湖连村、箍桶丘村、淡竹村、三井村等各具特色的乡村资源。开发以乡村度假、农业观光、生态休闲、生态养生等为主的旅游产品体系，依托区域内生态优势，做好“四季农业节事品牌”，坚持生态化、精品化发展战略，促进农旅融合，深化培育特色民宿产业和特色农业，大力优化全域农业景观，发展特色乡村生态游产品，打造遂昌独具魅力的生态山水乡村度假休闲目的地。

其三为湖山慢生活品质休闲区，包括湖山乡以及金竹镇、大柘镇、石练镇部分区域，主要涵盖湖山国家森林公园、湖山水库等山水生态资源，红星坪温泉度假村、汤沐园等温泉资源以及黄泥岭、珠村畈等乡村资源。依托湖山国家森林公园以及湖山水库等山水优势，以温泉资源为特色，确立温泉养生、生态休闲的开发方向，体现“生态康乐”休闲度假的理念。规划欧陆风情小镇、湖山半岛温泉养生园、大溪边养老基地等休闲度假、康体养生景点项目，打造集山水休闲度假特色、温泉养生养老、运动康体等功能于一体的慢生活品质休闲度假板块。

其四为森林康体疗养区，包括垵口乡、大柘镇、石练镇、王村口镇以及焦滩乡部分区域，主要涵盖千佛山、南尖岩、神龙谷、仙霞岭、神龙飞瀑等山水生态资源，红豆杉基地、菊米基地，以及黄皮村、大茂坑村、石笋头村、大坑村、大山村、根竹口村、外蓬村、徐村等乡村资源。以“生态山乡、运动休闲”为定位，重点以南尖岩、千佛山等自然山水资源为基础，以传统村落、田园景观为载体，以户外运动和康体休闲为主要产品，引入山地骑行、田园自驾、溯溪运动、特色养生、登山健步等多种业态，打造集乡村休闲、山水运动、特色民宿于一体的丽水户外运动新标杆。

其五为红色文化传承区，包括王村口镇、焦滩乡、蔡源乡、龙洋乡部分区域，主要涵盖王村口镇红色文化资源，乌溪江等山水资源以及独山村、大柯村、西坑口村、赤枝村等乡村资源。以王村口镇红色文化为核心，依托天后宫、宏济桥、蔡相庙等挺进师旧址遗迹、明代古建筑群落和乌溪江等资源基础，充分挖掘该区块的红色文化，引入主题酒店、红色情景体验、特色街区等，从历史文化及生活生产出发，延伸度假、休闲、展示、体验等旅游产品，设置独山古寨历史休闲村、王村口红色原生态情景体验镇等，打造一个红色文化传承区块。

其六为九龙原始探秘区，包括黄沙腰镇、柘岱口乡、西畈乡、蔡源乡部分区域，主要涵盖省级自然保护区——九龙山等山水生态资源，以及湖岱口村、开阳村、际下村、陈坑村、杨茂源村等乡村资源和农业资源。以“生态山乡、休闲度假”为定位，重点以九龙山等自然山水资源为基础，以高山村落、农业景观为载体，引入森林科普教育、古建观光、果蔬采摘、农事体验、避暑休闲、登山健步等多种业态，设置自然博物馆、清凉世界等项目，打造集自然科普、乡村休闲、特色民宿于一体的原始探秘区块。

重点任务：构建乡村建设新模式，绘好城乡发展蓝图；大力发展乡村经济，加快产业现代化步伐；建设新时代美丽乡村，引导农村绿色发展；全面塑造良好乡风，突出社会主义核心价值观引领；健全现代乡村治理体系，推进治理有效工作方针；全面创造农民群众美好生活，共同推进生活富裕总目标；健全城乡融合发展政策体系，激活乡村动能；围绕“产业兴旺、生态宜居、乡风文明、治理有效、生活富裕”的具体要求，建设 128 项重点工程。

现代农业

XIANDAI NONGYE

松山岛现代农业概念性规划

舟山处在我国东部海岸线和长江出海口的组合部，扼我国南北海运和长江水运的T形交汇要冲，是江海联运和长江流域走向世界的主要海上门户，现已形成海、陆、空三位一体的集疏运网络。东海大桥、杭州湾大桥、舟山跨海大桥等建成后，舟山将融入宁波一小时生活圈，上海、杭州三小时经济圈，作为长三角海上开放门户的区位优势更加凸显，将舟山新区与杭州主城区、上海、南京等大中城市紧紧相连。

临城新区是舟山市政府近年开发建设的一个新城区，又称新城，东与普陀区勾山街道接壤，西临城东街道，南濒大海，北邻白泉镇，陆地面积64.89千米^2，海岸线25.1千米，有岛屿26个。本案在舟山新城区南部长峙乡松山岛，由长岙公路跨岛横贯南北。

规划期限：规划基础年为2016年，分两期建设，每期规划为三年。一期：2016—2019年；二期：2019—2022年。第一期计划将重点建设基础设施，以及综合服务区、精品果园采摘区、现代农业观光区；第二期工程计划为滨海保育度假区和渔业休闲养殖区。

指导思想：依托浙江省农业科学院雄厚的技术力量，以着力发展现代设施、精品和创意农业为导向，以着力拓展现代都市农业功能为落脚点，以绿色生态农业为主体，以特色精品农业为支柱，以休闲观光为重点，以产品安全为前提，以多产高效为目的，按照“品牌特色化、设施现代化、产品精品化、运作企业化、市场高端化”的要求，着力打造成为多功能、复合型、创新性的农业休闲综合体。

主题定位：以海岛风光和绿野青山为基础，以农业文化、田园风光、休闲体验、农事活动为特色，以“农”为形，以“旅”为魂，以“富”为本，将松山岛农业休闲综合体主题定位为“绿色、生态、农业、休闲、养生、度假”。“绿色”即生产有机、无公害农产品，营造绿色植物景观；“生态”即体验绿色与自然的和谐对话；“农业”即以现代农业产业为支撑，迎合国家、省市各级涉农政策，围绕中高端市场需求，拓展农业多元功能，不断提升园区的增值空间和活力，打造本地特色品牌形象；“休闲”即远离喧嚣、融入乡野的愉悦；“养生”即回归自然，感悟天人合一；“度假”即感受民俗文化与农事体验的乐趣。

松山岛现代农业项目功能分区

功能定位：集农业生产、农业观光、教育示范、文化体验、农业游乐、养生度假等多种功能于一体的农业休闲综合体。

结构分析：园区总面积 1 110 亩，充分尊重规划地的自然机理，依据地形地貌特点，考虑功能结构的有序搭配和游览组织的科学合理，从整体角度进行空间布局架构，总体概括为“一核四片区”。

"一核"即现代农业观光区。该观光区位于松山岛的南部，唐家村旧址区域，面积约195亩，其现状以鱼塘养殖、废弃水稻田与废弃村庄为主。该区块是松山岛现代农业重点打造区块，以农业为基础，拓展其多功能、复合型、创新性，创建可游、可憩、可赏、可学、可食的综合活动游玩空间。主要建设景点有花海、农业主题乐园、科普教育基地、创意农业种植区、滨海休闲长廊、有机蔬菜生产基地、主题温室等。

"四片区"为综合服务区、精品果园采摘区、渔业休闲养殖区、海滨保育度假区。

其一为综合服务区。该服务区是松山岛商务、旅游服务和管理中心、园区的交通枢纽，体现海岛山地生态风貌，注重公共设施的建设和开放空间的营造，注重沿公路和水系的景观建设，使其成为进入园区的第一道靓丽的风景线。主要建设项目有主入口、农家大集、电瓶车站等。

松山岛现代农业项目整体鸟瞰图

其二为精品果园采摘区。该区块位于园区中部，面积为180亩。在原有林相的基础上进行提升改造，因地制宜套种名优水果，结合观赏、采摘，实行园艺化管理，并结合地形布置观光游步道，游客在这里可以进行观光、采摘、品尝、购买等参与性游览活动。主要项目有自驾营地、生态停车场、滨海烧烤、生存训练营、百果园等。

其三为渔业休闲养殖区。在渔业养殖区开发休闲服务渔业，以水产养殖、特色鱼种、舟山渔业与海运企业文化为依托，因地制宜开发多形态、多样化组合的休闲观光和服务渔业，拓展水产养殖业的衍生服务功能，培育新生增长点。主要项目有多功能鱼塘、垂钓区等。

其四为海滨保育度假区。该度假区位于园区西南侧，以林地为主，私密性与自然条件较好。根据实地地形、地貌，布置中高档集装箱式酒店及东南亚特色风情名宿，并且在沿海设置栈道、观景点以及休憩垂钓点。建筑材料可以选用新型环保建筑材料“高强复合木”，其具有防水、防火、防虫、施工便捷、安装简便等优点，并且具有高环保性，无污染，可循环回收利用。主要项目有集装箱酒店、民宿、林冠栈道等。

投资估算：整个松山岛农业规划总投资约 1 781.86 万元，其中综合服务区投资约为 187.6 万元，现代农业观光区投资约为 414 万元，精品果园采摘区投资约为 86.2 万元，渔业休闲养殖区投资约为 116 万元，海滨保育度假区投资约为 392 万元，公共基础设施建设投资约为 526.06 万元，其他软件建设约为 60 万元。

经济效益：见下表。

年均收益估算表

序号	项 目	项目内容	年均效益	净效益（万元）
1	综合服务区	电瓶车出租		5
2	精品果园采摘区	百果园 78 亩	7 000 元/亩	27.3
		房车营地		20
		滨海烧烤		10
3	现代农业观光区	玻璃温室 1 500 米^2（果蔬、花卉、餐饮等）	400 元/米^2	30
		连栋大棚 2 500 米^2（小番茄、彩椒、黄瓜、草莓等）	100 元/米^2	12.5
		有机蔬菜基地 80 亩	4 500 元/亩	18
		科普教育基地	9 000 元/亩	25
		农业主题乐园		50
4	渔业休闲养殖区	多功能鱼塘 48 亩	10 000 元/亩	24
		休闲垂钓		10
5	海滨保育度假区	10 个集装箱酒店	500 元/间（365 天）	91
		15 个民宿木屋	300 元/间（365 天）	82
合 计				404.8

注：净效益按实际效益的 50%测算。

社会效益：城市层面——提升城市形象和城市化水平，拉动区域经济发展，提供多元就业岗位；产业层面——农业及休闲体验产业升级，导入创意等相关产业，形成网络化的产业体系，推动区域产业的多元化发展；税收层面——农业及相关配套产业发展均为地方财政税收带来大幅提升；民生层面——为周边市民提供休闲度假去所，为中小学生提供农业科普教育。

生态效益：本项目以海岛风光和绿野青山为本底，以绿色生态农业为主体，以休闲观光为重点，以产品安全为前提，以农业文化、田园风光、休闲体验、农事活动为特色，以“绿色、生态、农业、休闲、养生、度假”为定位，确保了生态文明建设。

本案还介绍了有机蔬菜生产技术和绿色蔬菜生产技术等，对交通道路、农田水利、景观绿化、环境保护、给排水工程、安全卫生、消防、防震、组织领导及运行机制等做了专项规划。

长广现代农业示范园总体规划

本项目位于浙江省湖州市长兴县的林城镇，新、老 318 国道及宣杭铁路穿境而过，申苏浙皖高速公路在林城设有互通口，距基地 15 分钟车程。沪渝高速国道从本项目经过，G50 沪渝高速串联了湖州、上海、宣城、芜湖等城市，与 G50 沪渝高速在长兴县境内交汇的 G25 长深高速串联了杭州、德清、宜兴等城市，与 G50 沪渝高速在长兴县泗安镇境内交汇的杭长高速则串联了安吉县等重要旅游目的地，公路交通十分发达。本项目距离长兴汽车总站约 17 千米，车程约 25 分钟；距离高铁湖州站约 38 千米，车程约 40 分钟。

规划范围：本案主要依托浙能集团长广林场的土地资源并适当扩展，占地近 3 049 亩，区域内有缓坡、林地、园地、水田、河塘等地貌形态，同时保留了村落及林场原有的具有一定时代特征的生产生活建筑设施。通过土壤改良、增设水利灌溉和市政配套设施，导入现代农业技术与经营模式，使园区包含智能温室、高标准农田、新品种果园、高效养殖、农事体验、农业技术交流等功能。

规划期限：本规划期限为 3 年，即 2018—2020 年，项目分两期建设完成。

其中一期建设面积1 286亩，二期建设面积1 763亩，共3 049亩。一期作为核心区块以现代农业示范为主，二期以粮油种植为基础拓展农业功能。

规划愿景： 科技目标——先进农业科技示范基地；产业目标——现代农业产业的先行者；文旅目标——农旅休闲体验综合体。

发展策略： 新技术、新设备、新设施、新品种应用集聚，产学研一体化发展；基地化、标准化、设施化、智能化，提高农业综合效益；开发农业多功能、延伸产业链、提升价值链，一二三产业融合发展。

规划构思： 区位视角——立足杭嘉湖，打造长广农业示范园；产业视角——突出粮油、果蔬等产业深度融合发展；生态视角——打造乡土风情，尊崇地域自然山水田园；文化视角——突出地域特色文化，以保护为主，适度开发利用；市场视角——强化农业产业市场、升级乡村旅游市场；差异化视角——项目个性差异化；客户需求视角——物质需求、精神需求、社会需求。

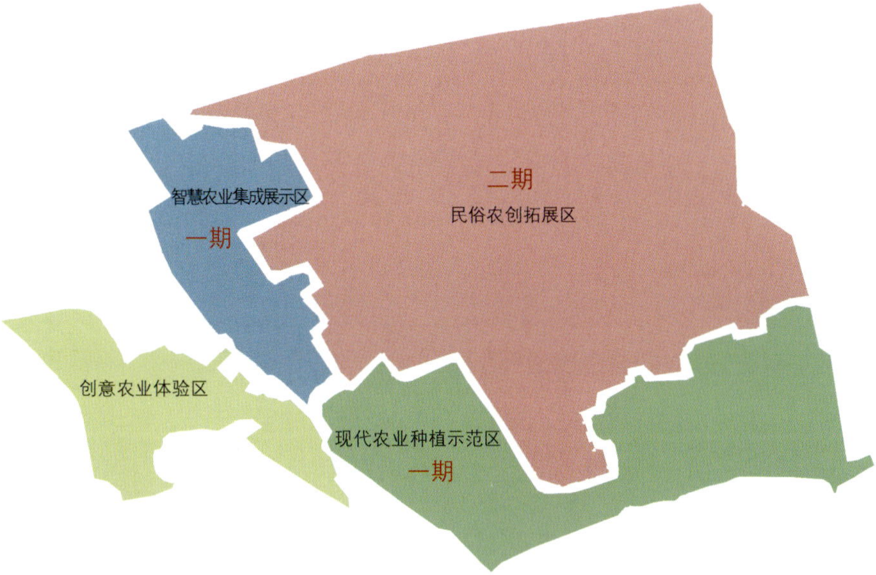

长广现代农业示范园项目功能布局

功能定位： 贯彻“绿水青山就是金山银山”的发展理念，坚持“生态化、大众化、精细化、融合化”的发展战略，突出“姓农、为农、兴农”的田园建设理念，围绕“规划布局美、产业融合深、主体活力强、绿色体系全、质量品牌优、农科结合紧、体制机制新、综合效益好”8个方面的要求，全面提升园区建设水平，争取建成一二三产业深度融合的现代产业示范园；运用新技术、新设备、新设施、新品种，引领湖州市现代农业发展，建设农业产业转型升级先行区、农业创新示范基地；通过科技引领和资源整合，建成集农业产业平台、农业推广、循环农业、创意农业、农业示范与农事体验为一体的现代农业示范园。

目标定位： 围绕“立足长兴、吸引周边、示范全省、辐射长三角、领先全国”的总体要求，紧紧围绕现代农业的发展方向，提升长广现代农业示范园的竞争力和影响力，打造浙江省农业科技园区、浙江省农业可持续发展示范园；争取列入浙江省级现代农业园区、浙江省重大产业项目、浙江省农村一二三产业融合发展试点项目、国家级田园综合体。

空间布局： 整个园区分为两期，一期为园区的核心区域，有创意农业体验区、智慧农业集成展示区、现代农业种植示范区；二期为拓展辐射区（民俗农创拓展区）。

（1）创意农业体验区。 农耕文化、科普教育、农业体验、多彩农田。建设以农业科普教育、农业文化教育、创意农业体验、农耕文化传播为主的创意农业体验区。依托园区大面积农田，通过规模种植、互动采摘、创意展示使果蔬从田间到餐桌，全方位展示农业，通过创意创新把简单的农业生产设计成可以互动、参与性极强的农业体验项目，每个体验项目都具有科普教育、动手实践、文化传播、快乐分享的元素。主要项目有梯田花海、香醇茶梅、生态停车场、农耕文化科普区、八卦蔬菜采摘园、农耕体验园、菜用中药种植区。

长广现代农业示范园项目鸟瞰图

（2）智慧农业集成展示区。 最先进的农业高科技，引领未来农业的高精尖发展方向。区块内以“新品种、新技术、新设备”为发展思路，依托智能装备集成展示区、生态循环种养区、智能光伏温室等农业高新项目，增强辐射和带动作用，促进农产品向优势产区聚集，加快形成优势突出和特色鲜明的产业带，引领现代农业发展。主要项目有智能光伏温室、智能装备集成展示区、生态循环种养区、农作物迷宫、稻田画、水上素质拓展、垂钓台。

（3）现代农业种植示范区。可食花卉、名优蔬菜、粮油蔬菜、旱粮等种类种植示范。区块内以“新品种、新技术、新设备”为发展思路，依托共享菜园、“机器换人”生产示范区等农业高新项目，增强辐射和带动作用，促进农产品向优势产区聚集，加快形成优势突出和特色鲜明的产业带，引领现代农业发展。主要项目有共享菜园、可食花卉生产示范区、名优蔬菜生产示范区、稻菜轮作生产示范区、旱粮种植区、优质粮油种植区、“机器换人”生产示范区。

（4）民俗农创拓展区。园区二期为远期规划，规划建设初步考虑为以民俗文化村、“互联网＋”农业电商平台、名优蔬菜种植示范区、旱粮生产示范基地、稻田画为主的民俗农创拓展区。依托当地民俗风情、农田景观和文化内涵，通过文创互动、民俗传播、创意展示、“互联网＋”、果蔬展示及大地景观的形式，全方位营造现代农业与民俗文化相融合的风味，着力打造富含农耕文化情节的农创区块。主要项目有民俗文化村、“互联网＋”农业电商平台、名优蔬菜种植示范区、旱粮生产示范基地、稻田画。

本案还就农业新品种新技术应用、道路交通规划、农田排灌沟渠规划、污水管网规划、环卫设施规划、标识系统规划、旅游发展规划做了专项规划。

投资估算：6 540.1 万元。

经济效益：在农产销售方面，以“农业＋旅游”的形式带动当地农副产品的销售，吸引游客购买，形成旅游商品，并进行更大范围的推广，促使农民增收，人均增加 2 000 元以上。在土地流转方面，在旅游市场的驱动和政府引导下，农民将其土地经营权出租，获得租金收入；农民还可将土地经营权入股经营公司，凭借公司股份获得效益分红。在农民转型方面，农民以“个体户”的形式作为经营主体参与到一系列农业生产、旅游服务中来，获得经营收入；旅游业的发展还可为项目区带来诸多就业机会，农民可作为园区服务人员、安保、建设工人、环保人员等参与园区的建设发展，获得薪资收入。项目平均年营业利润 236.45 万元（营业收入—营业成本—收入及税金），所得税 59.11 万元，净利润 177.34 万元。

社会效益：在培训方面，以田园风光为肌理，以科技农业和农耕文化教育培训为主体的旅游项目能够继承和发扬田园农耕精神，加强和改进新形势下的农业农村建设。在体验方面，能够使游客在田园观光休闲中体会“自力更生、艰苦奋斗”的意志，感悟“自己动手，丰衣足食”的愉悦，感受随城镇化发展而逐渐加深的乡愁。在民俗方面，民俗旅游资源的开发能使当地一些原始信仰、传统习俗和文化得到重视和保护，历史建筑得到维护和管理，从而使民族传统文化精华在现代生活中得以生存和发展。

生态效益：在景观方面，农业产业的建设与发展能够使环境得到美化、道路得到建设与整治、山体得到绿化、农田景观得到策划与创建，使得区域内景观环境得到改善。在生态方面，旅游项目的开发将会充分考虑项目地的生态敏感性，根据山地环境特征，分析种植结构，合理进行植物种植，使生态系统得到维护和稳定，改善当地生态环境。在治理方面，充分考虑水体的治理，使区域水环境得到改善；在农业种植方面，使区域内种植结构得到改善、裸露区域得到利用，防止水土流失。

义乌市义亭省级现代农业园区建设方案（2018—2020年）

项目拟建在义乌市义亭镇区域范围内，位于义乌市西南部，处于义乌市10分钟经济圈内，东连稠江街道，南通佛堂镇，北接上溪镇，西与金华市金东区孝顺镇、傅村镇毗邻。园区规划总面积45千米^2（不含集镇区），核心区面积2.709万亩，涉及耕地面积3.81万亩、标准农田3.43万亩。

义乌市位于浙江省中部，地处金衢盆地东部，市境东、南、北三面群山环抱，是中国首个也是唯一一个县级市国家级综合改革试点城市，先后被授予“中国国家卫生城市”“国家环保模范城市”“中国优秀旅游城市”“国家园林城市”“国家森林城市”和“浙江省文明示范市”等荣誉称号。

义亭镇是铁皮石斛、生态畜牧、红糖、粮油等农产品的重点产区，是传统农业大镇，并被列入首批省级现代农业综合区创建点，素有“义乌粮仓”和“红糖之乡”的美称，其中“义乌红糖”被农业农村部授予农产品地理标志。园区农业产业布局趋势明显，基本形成了以生态畜牧、铁皮石斛、红糖为主导的农业全产业链。

根据《浙江省现代农业园区创建导则（试行）》的通知精神，为突出现代农业园区产业融合、农户带动、技术集成、就业增收等功能作用，义乌市将加快推进农业现代化，积极打造新动力、高起点、高标准的义亭省级现代农业园区。

指导思想：深入贯彻习近平总书记系列重要讲话精神，全面贯彻落实党的十八大、十九大精神，牢固树立“创新、协调、绿色、开放、共享”发展理念，紧紧围绕推进农业供给侧结构性改革这个主线，深入实施乡村振兴战略，立足义乌优势特色产业发展基础，以体制机制创新为动力，以农业科技和新型经营主体为支撑，以园区发展拉动具有地域特色的现代农业供应链、产业链、价值链升级，推动农村一二三产业融合，构建现代农业产业体系、生产体系、经营体系，走出一条产出高效、产品安全、产业融合、资源节约、环境友好、具有义乌特色的农业现代化道路。

规划期限：规划基准年为 2017 年，建设期限为 3 年，即 2018—2020 年。

创建思路：牢固树立五大发展理念，以提高农业发展质量和竞争力为中心，以“农业增效、农民增收、农村增美”为核心，以努力建成生态高效安全的高质量、高水平现代化农业园区为目标，以农业多功能化拓展为基础，以农业产业化建设为载体，以农业品牌化发展为支撑，突出新型农民创业创新创富，着力优化农业产业布局，大力提升主导产业，全面实施“五化融合”行动，做优生态农业、做强设施农业、做精特色农业、做活农旅产业，进一步推进生产要素集聚、资源集约利用、全产业链发展、产业相互融合和区域协调发展，引领农业农村经济发展向形态更高级、结构更合理、融合更深入迈进，加快推进农业现代化，创建全省现代农业园区建设标杆和样板，打造新动力、高起点、高标准的现代农业发展先行区，使之成为立足义乌、服务全省的现代农业发展引领区。

创建目标：到 2020 年年底，全面完成义乌市义亭省级现代农业园区基础设施建设，基本形成“一线两心三园”的发展格局。园区农林牧渔业总产值达 7 亿元以上，年均增长 20%以上，农村居民人均可支配收入 45 000 元以上，年均增长 10%以上；农业现代化建设走在全省前列，将园区建成为带动当地产业转型升级的有效推手、高新农业技术的展示平台、现代农业经营和管理的模式样板、现代农业文化的展示窗口。

功能布局：“一线两心三园”。

“一线”即“红糖飘香”美丽乡村精品线。依托四海大道、吴畈线、东黄线、佛低线、义杭线等主要道路交通，沿途经过早溪塘、西楼、畈田朱、陇头朱、陈店、杭畴、缸窑等20余个村庄。以红糖产业基地为依托，以提高农业发展质量和竞争力为中心，结合“山水林田湖”自然风光，融入传统风俗和文化元素，提升园区的生态、生活、文化功能，发展规模种植、农耕体验、文化旅游、休闲观光、科普示范、健康养生为一体的农旅结合区，推进一二三产业融合发展，结合休闲农业和美丽乡村建设，引导全域旅游发展。围绕统筹城乡发展，深入开展美丽乡村精品线创建，整体提升农村社会发展水平，打造宜居、宜业、宜游的美丽和谐新家园。通过集聚资源要素、优化产业布局，融合产业、文化、旅游等功能，构建红糖特色产业生态链，将其建设成为一二三产业相互渗透、交叉重组的美丽乡村精品线，进一步优化农业产业结构，促进红糖产业的经济转型升级。

“两心”即农业公共服务中心和农产品电商物流中心。其中，农业公共服务中心是为园区提供支撑服务的综合公共服务平台，形成“一站式”的职能配置和服务模式，为农民群众提供政策宣讲、农业科技、土地流转等信息服务，成为园区综合性信息化服务中心、义乌现代农业创业创新孵化基地、义乌传统农产品展示中心、农民培训中心、智慧农业综合服务平台。同时，建设义乌“三宝”博览馆，展示红糖、火腿、南枣等传统农业手工艺，进一步打响传统“义乌三宝”品牌，促进一批现代农业创新成果示范应用和商业化。

农产品电商物流中心主要包括浙中农副产品物流中心以及绿禾网电商平台。充分利用本地浙中农副产品物流中心的区位优势，依托仓储冷链配送中心专业的仓储冷链配送技术力量和硬件设施，以及绿禾购“中心仓＋区域分仓＋前置微仓”的现代物流体系探索农产品快速配送体系，通过农产品分拣分级、包装预冷、冷链物流、冷链配送、冷藏保鲜等措施，扩大特色农产品市场范围，延长供应期，提升农产品抗市场风险能力。通过聚集电商企业、生产方、第三方供货商、产品设计与包装企业等产业链相关企业，打造线上集聚和交易平台，打通并拓宽生产企业与电商企业之间的渠道。同时，为农户、合作社等农业主体提供多平台代运营服务，引导农民专业合作社、种养营销大户进驻农产品线上市场。在此平台基础上，提升农产品电商自身的商业价值、品牌价值等延伸属性价值，培育电商企业做强做大，助推义乌“农产品销售模式的转型升级”。

“三园”包括森山铁皮石斛可持续发展示范园、生态畜牧可持续发展示范园和红糖产业示范园。其中，森山铁皮石斛可持续发展示范园位于义亭镇深塘水库区块，面积6 090亩。该园区以铁皮石斛产业为依托，努力推动互联网与健康的跨界融合，涵盖大健康、金融、互联网三大产业，多产业形态并存。以得天独厚的地理环境、自然资源以及产业基础，运用大数据、云计算、物联网等新技术推动互联网与健康的跨界融合，集特色农业休闲体验、智慧工厂、旅游文化、养生养老、服务平台五大功能区于一体，打造健康产业高地、生态休闲养生基地，建立“生态旅游＋健康”“互联网＋健康”相互支撑的产业融合发展体系。同时，由浙江森宇实业有限公司牵头承担申报的“铁皮石斛大健康产品研发”入选国家重点研发计划，进一步开展铁皮石斛生产关键技术研发与产业化研究，可为园区主导产业的发展建设提供技术研发、技术培训、推广服务等保障。通过围绕健康、优质和绿色安全大力推进标准化生产、规范化管理、品牌化经营，建设成为集智慧健康产业高地、生态休闲养生基地为一体，乡村田园风光与现代化城镇景观相得益彰的新型现代化多功能可持续发展示范园。

生态畜牧可持续发展示范园位于园区中部，涉及畈田朱村、青肃村、木桥村等村，面积约 1.08 万亩。全面树立现代生态循环农业发展理念，加快标准化示范场、生态牧场、花园牧场建设，促进畜牧业转型升级，以发展生态畜牧业和畜牧业全产业链建设为抓手，强化饲料加工、肉制品深加工、有机肥加工，具体包括由世界 500 强企业正大、康地集团投资建设的畈田朱生猪养殖基地以及青肃等家禽养殖基地。农业废弃物处理主要采用仓式发酵技术和工业化处理技术，实现畜禽养殖粪便资源化利用、农副资源综合开发与利用，养殖主体产生的畜禽粪便经高温好氧发酵处理生产有机肥，直接或经第三方服务主体提供给种植区。通过建设资源节约、环境友好、生产清洁的生态循环农业，实现现代生态循环农业、商品有机肥生产与应用、秸秆综合利用，推动生态型家禽养殖场、生态型生猪养殖示范场建设，推进规模化养殖、标准化生产、养殖设施化、生产规范化、防疫制度化、粪污处理无害化和监管常态化建设，从源头对产品质量安全进行控制，提升畜产品质量安全水平，建设禽肉产品安全优质的生态畜牧可持续发展示范园。

红糖产业示范园位于园区西部，主要涉及义亭镇西楼、先田、鲍宅、王阡等村，面积约 1.02 万亩。园区建设依托现有 20 余家红糖加工厂和红糖专业合作社，鼓励农业企业和国企、科研机构开展合作，创新研发红糖系列产品，推进糖果蔗和红糖的精深加工和系列产品开发，延伸红糖产业链。开展红糖生态循环与清洁化生产，推进红糖及其废弃物的综合利用，提升红糖质量效益。挖掘红糖历史文化，丰富红糖文化内涵，强化观光体验和文化创意发展，以红糖文化为核心，发展红糖文化旅游，进一步打响义乌红糖品牌的知名度和美誉度，促进义乌红糖产业转型升级。

建设内容：根据园区功能定位和主导产业发展方向，全面实施基础设施提升工程、公共服务设施建设、产业融合提升工程、美丽乡村建设工程“四大工程”，重点推进农田基础设施提升、农业公共服务中心、农产品电商物流中心、铁皮石斛产业园、生态畜牧示范园、红糖产业提升、水稻产业提升、“红糖飘香”美丽乡村精品线“八大项目”建设。园区创建期为三年，从2018年开始实施，2020年全面建成，本着“统一规划，分期实施”的原则，对园区重点建设项目进行统筹安排。

“八大项目”之一——农田基础设施提升。计划总投资2 000万元，实施主导产业生产基地路沟渠提升改造、进排水设施建设、标准农田地力提升、耕地质量提升、农业高效节水灌溉工程、渠系清淤整治、重点河道治理工程等；集中清除田园各类积存垃圾，重点整治丢弃于田间地头、公路沿线、沟渠水边的农业废弃物，切实改善田园生产环境；全面推广新型肥料及水肥一体化技术，加大商品有机肥、沼液、绿肥、秸秆等有机肥料应用，减少化肥用量。通过建设，提升园区交通硬件，改善田间美化环境，为创建高效益农田打下基础。

“八大项目”之二——农业公共服务中心建设。计划总投资2 500万元，总建筑面积5 000米^2，主要内容包括综合性信息化服务中心、义乌现代农业创业创新孵化基地、义乌“三宝”博览馆三大功能板块建设。

“八大项目”之三——农产品电商物流中心。计划总投资2 500万元，整合线上、线下、物流三者资源，加快探索农产品新零售模式。义乌市市场发展集团投资1 000万元，在浙中农批市场新建6 000米^{2}冷库，根据发展需要扩展建设规模。义乌绿禾电子商务有限公司投资1 500万元，100%自主研发建设商对客（B2C）平台绿禾网、企业对企业（B2B）平台绿禾购、众包配送平台及企业资源计划（ERP）系统，探索建设农产品现代快速配送物流体系；提升发展特色中国义乌馆，打造特色农业品牌，推进义乌特色农产品加工流通的标准化、产业化进程，建设义乌农特产品质量安全溯源体系；实施两个线上到线下（O2O）项目，探索适合义乌市场的社区社群营销和义乌馆线下体验店；与农产品合作基地深入合作，加强供应链源头建设。

“八大项目”之四——铁皮石斛产业园。该产业园位于区域北部，主要包括新樊村、西后畈村、石塔二村等，计划总投资5.7亿元。项目包括农业板块铁皮石斛种植基地和工业板块铁皮石斛深加工基地。农业板块项目总用地约1 460亩，包括新建种植区、综合展示区等功能区，以及连接各功能区的道路、绿化等配套设施。工业板块总用地面积310亩，总建筑面积31万米^2，包括新建厂房、仓储、研究中心、院士工作站、创客中心、综合楼、配套生活服务用房及配电房、污水处理站等内容。

“八大项目”之五——生态畜牧示范园。该项目计划总投资3.8亿元，将现代科技成果不断融入餐饮的产品加工、管理、经营、开发等各个环节，打造集“饲料加工—畜禽养殖—特色盒饭生产、肉制品深加工—冷链物流—连锁销售”为一体的现代特色经营业态。其主要内容包括现代化生猪养殖示范场、现代化肉鸡养殖示范场、有机肥生产项目。

"八大项目"之六——红糖产业提升项目。计划总投资 1 000 万元，全面实施红糖厂标准化改造和规范化管理，将现代化工艺设备与传统义乌红糖制作技艺有机结合，降低红糖制作成本，提高红糖产品质量，减少环境污染影响。加强糖蔗残渣的综合利用，通过用作造纸、燃料等途径，实现生态循环发展。扩大红糖种植基地规模，优化提升"义乌红糖"的生产工艺和品质，延伸红糖的深加工产业，带动周边农户发展糖蔗种植。大力发展红糖文化旅游，强化观光体验和文化创意发展，同时依托布谷鸟生态农业园项目，将红糖与水稻、蔬菜等传统农业产业结合，将园区打造成为红糖文化旅游目的地、新型农业示范基地和农业科普教育基地。

"八大项目"之七——水稻产业提升项目。计划总投资 2 000 万元，立足粮食安全，围绕优质稻米生产，大力发展生态循环农业、稻菜（瓜）轮作。通过秸秆粉碎还田，用作畜牧饲料、食用菌基料以及固化成型燃料等途径，实现秸秆资源化利用。提升农田基本建设，改善农业生产条件，改善道路现状，强化农业基础设施建设和农田水利建设，完善农田防护林网，提高农业科技水平，推进农机装备水平，通过以综合示范区建设为载体，全面推进粮食绿色高产创建工作。同时积极开发农业旅游，打造集休闲、观光、农情体验为一体的水稻主题生态公园。

"八大项目"之八——"红糖飘香"美丽乡村精品线建设。"红糖飘香"美丽乡村精品线计划总投资 7 000 万元，线路总长约 19 千米，沿途经过早溪塘、西楼、先田、下滕、上宅、畈田朱、陇头朱、田塘、陈店、叶前、杭畴、缸窑、何店、白塔塘等 20 余个村庄。主要开展道路沿线景观提升工程，包括沿线范围内景观绿化、小品、景墙、节点、路面铺装、景观照明、游步道等项目的景观提升。串联园区内遗存古迹、文化残存、风味美食及现代农业新气象、新产品、新风貌、新景观，大力发展农旅产业，促进园区整体发展。

投资估算：园区创建围绕生态畜牧、铁皮石斛、红糖三大主导产业发展，主要实施"四大工程""八大项目"，园区预算总投资 112 000 万元，其中省级以上专项扶持资金补助 5 500 万元、地方财政配套扶持资金 14 500 万元、社会资金 92 000 万元。

经济效益：园区建设将有利于提高土地产出率和劳动生产率，为农民和企业创造直接的经济效益。通过新技术、新设备的引进应用和设施农业的发展，农产品产量和质量将进一步提高；通过都市型精品农业建设和发展，农产品品牌建设得到加强，有利于提高市场竞争力；通过农产品加工业的发展，进一步延长农业产业链，有利于提高农产品的附加值；通过农业与休闲旅游等第三产业的融合发展，使农业与旅游休闲、服务等更好地融合，进一步拓展农业的发展空间，有利于提高农业的综合效益。预计到2020年，铁皮石斛全产业链产值达20亿元以上；年生猪存栏达5万头、家禽存栏120万羽，生态畜牧业全产业链产值达到28亿元以上；红糖全产业链1亿元以上；年农业休闲观光游客达到50万人次以上，休闲观光农业产值突破3亿元；同时将辐射带动周边镇（街）发展现代农业10万亩以上。

社会效益：园区的创建能有效促进农业生产、加工、农旅等一二三产业环节设施设备硬件提升，同时通过推广应用新品种、新技术、新设施，大大改善园区内农业生产条件，提高土地产出率和劳动生产率，促进农村劳动力就地转移，提高园区及周边地区农民的科技素质，辐射带动周边区域发展，对优化义乌农业产业结构、提高农产品品质、提升农业生产加工水准、挖掘农耕文化资源底蕴、美化亮化田野村庄道路河流、增加创意农业和镇村景观节点、延长农业产业链发展、探索“新时代”农业生产股权合作试点和提升农业产业核心竞争力具有重要意义。园区按照全域景区化的理念，结合休闲农业和美丽乡村建设，推进农业与旅游、教育、文化等产业深度融合，促进一产与三产的联动发展，使园区既是义乌市绿色农产品的生产基地，同时也为城乡居民提供一个良好的休闲场所，为全市经济社会和谐发展做出新贡献。预计到2020年，园区带动发展农民专业合作社、家庭农场、专业大户等农业新型经营主体50余家，联结带动农户1万户以上；新增种养业、加工业和流通业就业岗位3 000个以上；农村居民人均可支配收入年均增长10%以上；所有行政村集体经济年经营性收入超10万元。

生态效益：园区建设注重美丽农业的建设和农业污染的治理，使农业环境质量进一步提高，农业面源污染得到有效控制，畜禽污染得到综合治理。通过采取多样化的农牧结合、生态循环种养模式，发展农业循环经济，不仅促进畜禽排泄物的资源化利用，还能有效防止和克服规模养猪场对周围环境的污染，具有显著的生态效益。严格按照有机、绿色食品和无公害农产品等标准化栽培技术操作，通过“一控二减三基本”和各种生态循环模式的应用推广，大力推广应用有机肥和生物肥，控制使用化肥，禁止使用高毒、高残留农药，推进绿色防控和统防统治。特别是通过循环农业的建设和发展，进一步强化农业资源循环利用和农业废弃物的资源化利用，推广高产高效设施农业、低碳循环农业和节水农业，整个园区形成浓厚的生态建设氛围。同时，园区以农村的生产、生活、生态资源为依托，将科技、文化、智力等资源作为生产要素，引导发展智慧农业和休闲农业，创造优美宜居生态环境，有效提高农田抵御自然灾害的能力，产生了良好的生态效益。

现代农业科技种植示范博览园

项目位于浙江省北部的安吉县，距离杭州 72 千米。安吉县是全国首批休闲农业与乡村旅游示范县、我国唯一获得联合国人居奖的县、中国首个生态县。该项目位于安吉县的灵峰街道，示范区域面积约 11.2 千米^2，区域范围包括大竹园村、剑山村和横山坞村 3 个精品示范村。

项目范围内的 3 个村庄已具有较好的基础。在农业产业上，蔬菜面积 2 884 亩，年产 9 304 吨；水果 1 450 亩，年产梨、葡萄、桃等 1 797 吨；安吉白茶 2 214 亩，年产 23 吨；花卉中药材 500 余亩。在乡村旅游产业上，拥有“二水一山”“二景一村”等各级旅游资源 59 处，以及全省农房设计示范点——灵峰街道大竹园村。

总体定位： 建设成为农业产业转型升级先行区。贯彻“绿水青山就是金山银山”的发展理念，坚持“生态化、大众化、精细化、融合化”的发展战略，突出“姓农、为农、兴农”的田园建设理念，围绕“规划布局美、产业融合深、主体活力强、绿色体系全、质量品牌优、农科结合紧、体制机制新、综合效益好”8个方面的要求，全面提升园区建设水平。建设成为农业产业转型升级先行区，集科技引领、资源整合、农业产业平台、农业推广、农业示范区与农事体验为一体的现代农业示范园。

发展定位：以生态循环农业为“精”，实现生态技术、生态产品；以农民创新创业为“髓”，注重生态文化、生态机制；以全省农房设计示范和村落环境提升为“形”，实现生态布局、生态治理；以农旅结合乡村发展示范为“态”，实现生态产业、新型业态。

策划概念：“一站式”园区——以科研、推广、博览、示范为主，以农耕、休闲、度假、休憩为辅。

规划结构：“一轴两翼”。“一轴”即农旅体验轴线，“两翼”即农业科技带和旅游度假带。

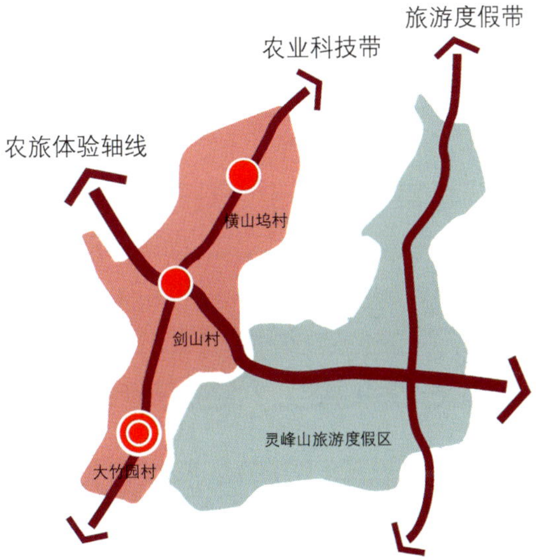

现代农业科技种植示范博览园规划结构

规划布局：①蔬菜种质博览园，包括农业博览会展馆、蔬菜种植示范基地、苗木种植示范基地、蔬菜种质科研中心、有机农场（菜园租赁）、食材花园、农夫集市；②生态观光示范园，包括标准化生态茶园、清洁化茶叶加工观光区、白茶精加工区、禅茶文化体验区、蔓塘井台、晾晒广场、社戏台地、插画漫道、竹林小径；③民宿体验园，包括山林木屋、生态农家菜、特色小吃、户外烧烤、休闲咖吧、田园茶社。本案对以上各项目均做了分区规划。

本案还对农业技术做了专项规划。

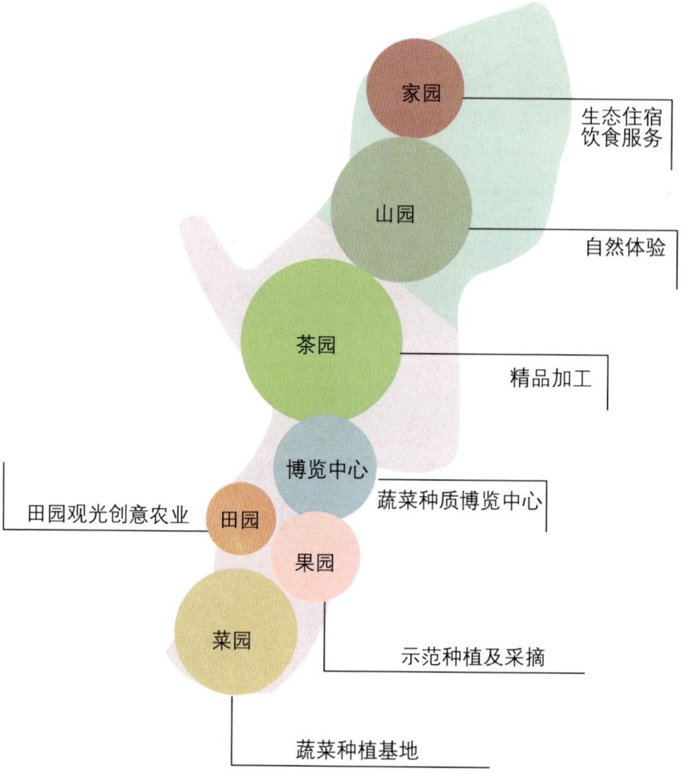

现代农业科技种植示范博览园分区布局

东林镇现代农业产业发展总体规划（2017—2025 年）

东林镇地处长江三角洲浙北地区，位于湖州市正南 20 千米处，南距杭州 60 千米。镇域西依妙西镇，东临菱湖镇，北接道场乡，南濒德清县的洛舍镇，辖区总面积 80 千米^2。镇区所在地位于东林山北侧，是东林镇政治、经济、文化中心，同时为湖州南部新兴的工贸城镇，西距 104 国道约 4 千米。

本次规划编制范围为吴兴区东林镇镇域，共计 23 个行政村。其中，锦山片包括泉庆村、泉益村、泉心村、星火村、星敏村、星联村、星群村、星华村；东林片包括东南村、东方村、东明村、东升村、东华村、保卫村、保永村、保国村、保健村、保丰村；青山片包括南山村、胜利村、三合村、青联村、青山村。规划区用地总面积 80 千米^2。

规划期限：本规划基准年为 2016 年，年限为 8 年，即 2017—2025 年。

指导思想：以“两山”理论为主导，以“走绿色发展之路，走现代化农业产业之路”为指导思想，强化“两山”理论制度建设，实现外部约束向内在自觉的转变，打造生态改革先行区。立足自身经济发展水平、资源区位条件和农业产业发展基础，用工业化理念发展农业、市场化理念经营农业、生态化理念保护农业，坚持“政府主导、部门联动、企业主体、市场运作”等原则，高起点、高标准、高水平创建一批主业突出、规模适度、装备精良、设施配套、技术先进、机制完善、管理科学、效益显著的现代农业发展典型和示范样板，使之成为农业科技成果、高端绿色农产品生产的样板区，引领现代农业快速发展。

发展原则：①企业带动原则，积极调动和发挥市场主体在农业产业化建设中的核心作用，强化农业产业化龙头组织培育，规范和完善企业、基地、农户和服务组织的利益联结机制，着力增强企业竞争力和带动力。②按产业分类指导原则，从当地农业资源条件、生产基础和市场环境等因素出发，突出重点，大力培育发展主导产业和特色产业，并根据不同产业特点，研究分析产业发展制约瓶颈，加强产业链重点环节的突破创新，主攻薄弱环节，完善支撑服务体系，推进产业升级，提升产业整体竞争力。③科技先导原则，加强对农业产业化主体的科技培训，强化技术改造和技术创新，加强具有自主知识产权的终端产品开发，用先进实用的技术武装农业产业化生产、加工、流通等各个环节，提高整个产业链条的科技含量和最终产品档次。④市场化运作与政府扶持相结合原则，依靠市场机制和经济手段推进农业产业化经营，完善产业化各个环节的导向性政策，鼓励多元化投入，强化政府公共服务，营造农业产业化发展的良好环境，不断提高农业产业化各主体活力。

发展战略与重点：①践行“两山”理论发展战略，加大“两山”红利转化，努力探索如何让“绿水青山就是金山银山”从理论变为现实，创造出具有生态文明建设的“东林模式”。②生态绿色发展战略，重点打造高效粮油、优质果蔬、精品花卉、生态水产、山林茶竹、特色种植和养殖产业，把生态化体现到规划中、落实到行动上、描写到大地上，以此来推动东林镇的绿色发展。③可持续发展战略，走集约型可持续农业模式，走高技术农业模式。④科技创新发展战略，重点支持设施农业、良种培育、丰产栽培、疫病防控、气候变化应对、农产品加工等领域的科技创新。

主导产业选择：东林镇现代农业产业发展将以花卉、山林茶竹、优质果蔬、高效粮油、生态水产为主导产业，大力发展乡村休闲度假旅游，提高农业产业附加值，构建多彩田园。重点开展特色主导产业基地建设、产业科技园区建设、基础服务体系建设，通过这些方面的重点投入和加快建设，把东林镇建成湖州乃至浙江最美丽的农业功能拓展的先行区和农业产业转型升级先行区。夯实区域农村经济发展基础，提高农业综合生产能力，增加农民就业和农民增收，彻底消除贫困农户，实现全面小康社会建设目标。

东林镇现代农业产业发展项目总体鸟瞰图

发展目标：围绕习总书记“绿水青山就是金山银山”和“八八战略”重要精神，以推进农业供给侧结构性改革为主线，以“主导产业强、生态环境美、农耕文化深、农旅融合紧”为总体目标，以花卉、蔬菜、高效粮油、山林茶竹、生态水产为主导产业，大力发展乡村休闲度假旅游，提高农业产业附加值，实现农村生产生活生态“三生同步”、一二三产业“三产融合”、农业文化旅游“三位一体”，通过田园综合体建设及现代农业产业发展，增加农民的收益收入，增强农业的供给活力，调优农产品品种品质，挖掘农业的休闲体验功能，构建农居循环社区，切实提升镇村环境，有效保护田园生态。将其建设成为农业产业转型升级先行区，现代都市农业样板区，全国田园综合体建设示范区，集循环农业、创意农业、农事体验于一体的田园综合体。

总体定位：九龙戏珠，七彩田园。

空间布局：“一核、一轴、三区、多园”。

“一核”即以东林山为核心，依托一山九河的独特地貌，发展规模型、块状型特色景观种植农业，重塑山水清远、田园诗意的“九龙汇珠、七彩田园”大地景观。

“一轴”即沿 104 国道至保戈公路的功能发展轴。

“三区”包括青山林果养生区、东林特色种植区、锦山生态渔业区。

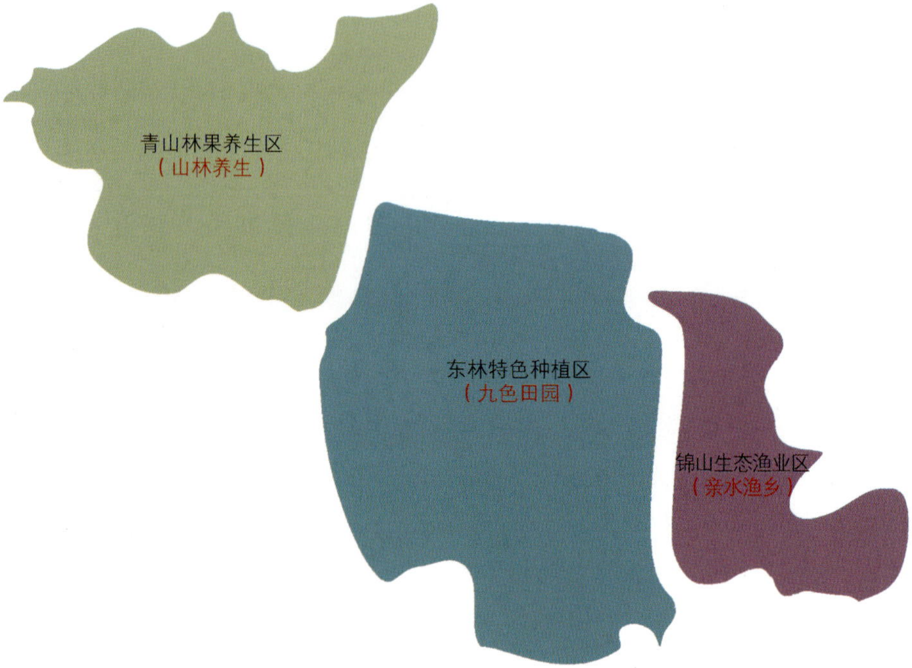

东林镇现代农业产业发展项目功能分区

其一为青山林果养生区——“山林养心”。青山片区重点发展特色山林种植产业（黄花梨、茶叶、笋竹），开展山林休闲养生，开办乡村休闲体验（民俗文化）、果树采摘、特色洋家乐（高端农庄、生态古道）、禅意养生（寺庙、庄园）和山林疗养（疗养会所、颐养园）等。

其二为东林特色种植区——“九色田园”。东林片区以东林山为中心，依托“一山九河”的独特地貌，发展规模型、块状型特色景观种植农业，重塑山水清远、田园诗意的“九龙戏珠、七彩田园”大地景观，形成“一心两环九色”空间布局。“一心”即以东林山为中心；“两环”即以外环线为界，积极打造环内景观农业、环外特色精品农业；“九色”即九种特色农业主题区块，分别是樱花、向日葵、水稻、油菜、蚕桑、薰衣草、玫瑰、菊花、青梅。同时建立农产品和精油加工基地，延长产业链，大力发展乡村田园和山水特色小镇休闲度假旅游，以农业旅游复合发展树立区域影响力，提高农业产业附加值，激活农业农村发展活力。

其三为锦山生态渔业区——“亲水渔乡”。锦山片区重点发展生态水产产业，以环境友好型养殖模式推广为基础，以湖（漾）资源综合开发利用为核心，推进渔业产业链各环节及三产融合发展，形成“一心一村三片”的空间布局。“一心”即渔业公共服务中心；“一村”即泉庆特色渔村；“三片”分别是渔业休闲片、生态养殖片、良种繁育片。依托水漾水乡特色及传统渔业文化底蕴优势，着力打造集鱼类种苗繁育、生态养殖、休闲、养生、度假、体验、文化于一体的特色休闲渔业，重点打造渔家庄园、垂钓园、特色渔村等休闲渔业项目。

多园即1个产业科技园、18个特色农业园。

本案还对精品花卉、高效粮油、优质果蔬、山林茶竹、生态水产五大主导产业做了发展规划，对产业科技园和基础服务体系做了建设规划。

投资估算：总投资额度为1.83亿元，其中基础服务体系建设投资3 200万元。

园区基地建设

YUANQU JIDI JIANSHE

中国舟山国际杨梅博览园规划方案

项目位于舟山市定海区小沙街道沈毕家村，地理位置位于东经 122°02′、北纬 30°11′。

杨梅是原产我国的特色水果，性喜温暖湿润，主要分布在长江流域以南、海南岛以北，即北纬 20°～31°和东经 97°～122°。杨梅是舟山的主要果树，在各类果树中种植面积最大，约有 5.2 万亩，品种主要是晚稻种。

通过建设杨梅博览园可实现栽培品种多样化，搭配早、中、晚熟品种，延长杨梅采摘期，减少自然灾害影响；可推广普及杨梅文化，开展杨梅观光、采摘、休闲活动；收集杨梅品种资源，为开展杨梅资源的开发与研究打下基础；有利于舟山市森林生态建设和林业特色产业的发展，促进农民增收。

规划原则：尊重现状条件、突出地域特色；科学合理布局、满足功能需求；充分考虑园区活力，实现杨梅博览园的可持续发展；建立健康、生态的博览园。

规划定位：山地型杨梅特色的博览园，与城市密切融合的博览园，推动区域发展的博览园，凸显节约、环保、生态理念的博览园，融合舟山文化的博览园。

形象定位：“博览杨梅·浓郁小沙”。“博览杨梅”既道出整个园区杨梅品种繁多，又点出其核心定位及特色；“浓郁小沙”既点出了区域位置，又打响了舟山小沙的本土特色农业品牌。

设计理念：以规划定位为目标，以满足功能为前提，集学·参观、动·体验、泊·住宿、购·消费、食·美味各种功能为一体，打造品种繁多、健康生态、绿色休闲的国际杨梅博览园。

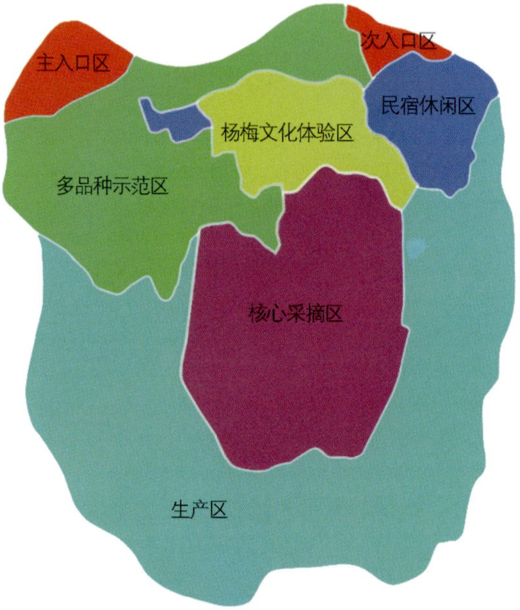

舟山国际杨梅博览园功能分区

功能分区：①入口区，位于整个区域的入口处，并设置草花花境、生态停车场等，展示关于杨梅的品种、种植知识等，还可以展销杨梅的加工产品及当地特色农产品。②民宿休闲区，利用本地居民聚集区打造中高端民宿，建设杨梅主题山庄、旅养小筑等休闲娱乐场所，让游客亲近、了解当地本土风情，同时根据时节营造多种民俗体验活动。③杨梅文化体验区，此区域是整个片区的核心区，设置有游客接待点、杨梅博物馆、晚稻杨梅王、杨梅文化街等节点，打造一个杨梅的集中展示区。④多品种示范区，此区域引进众多杨梅品种种植示范，展示各种类型、色泽的杨梅品种，贮存优质的杨梅种植资源。⑤核心采摘区，此区打造杨梅的采摘体验，在山上至高处设置观景平台，在相应位置设置驿站，便于游客休息。⑥生产区，以杨梅生产、生态保育为主体，在保留现状树种的基础上补植其他适合本地生长的杨梅品种，依然为整个片区的杨梅生产提供优质果源。

交通分析：对于后期小沙特色强镇规划而言，设计范围内的服务中心只是杨梅博览园范围内的一个服务点，起到游客休息、咨询的作用，只针对杨梅博览园这个范围。对于整个片区，核心的服务中心位于游客进入主要道路（鸭东线）的入口处，即大沙村村委会。

重点项目 1：入口设计。在园区入口处设置两个标志性的海岛草垛样式的牌坊以及园区入口管理处，具有舟山当地海岛风情特色。园区管理房的设置便于园区的整体管理。

重点项目 2：杨梅展销馆。杨梅展销馆位于园区入口及重要节点，建设规模 500 米^2，主要开展种植技术交流、品种展示、产品销售等相关业务，提高晚稻杨梅知名度，使游人拥有集游玩、观赏、品美味于一体的完美体验。

重点项目 3：杨梅博物馆。杨梅博物馆位于园区中心位置，建设规模 540 米^2，是集杨梅品种展示、杨梅交易、科普教育、民族旅游于一体，集中展示杨梅文化的博物馆。该博物馆力求全面系统地展示和介绍中国杨梅产地分布、种植生长、杨梅产业、杨梅产品等“杨梅文化”。

重点项目 4：晚稻杨梅王。该项目位于杨梅博物馆入口区域。在晚稻杨梅上市之前，世界各地的游客可来到沈毕家村，一睹“晚稻杨梅树王”的真面目。这株树龄达 100 多年的杨梅树据说是我国迄今为止存活时间最长的晚稻杨梅树，树高 20 米。此外，还有 6 棵高约 15 米的杨梅树。

重点项目 5：游客接待点。游客接待点位于园区入口区域，建设规模 300 米^2 左右。接待点在现有民居的基础上进行改造设计，是集游客咨询、商品展销、电子商务、宣传展示、应急求助、医疗救助、特殊人群帮扶等功能于一体的服务平台。

重点项目 6：生态停车场。生态停车场位于园区主、次入口区域，建设规模 8 600 米^2 左右，其中主入口 500 个车位占地 8 000 米^2，核心区 40 个车位占地 600 米^2。计划通过栽种乔木来代替一般停车线的设计，在区域周边适当种植花卉，形成一定的绿荫覆盖，并在地面采用透气、透水性铺装材料，充分满足游人的停车需求。

重点项目 7：玻璃温室。玻璃温室位于园区中部区域，建设规模 2 000 米^2 左右。坚持科学性、超前性与实用性相结合的原则，全面考虑温室的实际使用功能，满足育苗、种植资源保存、引进保护栽培等功能。

重点项目 8：路旁花草景观提升。该项目位于园区内道路沿线两侧，沿着主路两边营造花草景观，形成丰富的观赏效果，春季观花、夏季观花与叶、秋季观叶、冬季观枝，景观各异。采取“小乔木＋草花”间植模式，如“大沙圣

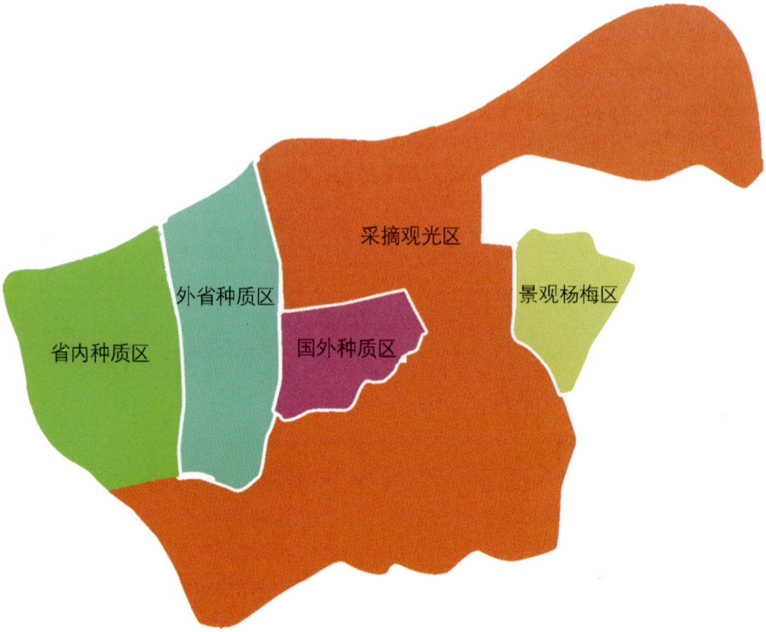

舟山国际杨梅博览园种质资源分布

桃＋波斯菊”“李＋百日草”“枇杷＋硫华菊”等。

重点项目 9：杨梅多品种种植示范区。该示范区位于园区西北角区域，建设规模 230 亩。从省外引进数万株杨梅树种，树龄从几年到几十年不等，使之成为国内杨梅品种最多的品种种植区。根据杨梅的不同成熟期，可分为早熟、中熟、晚熟 3 种类型。

重点项目 10：杨梅采摘林。杨梅采摘林位于核心采摘区，建设规模 270 亩。杨梅采摘体验让游客们在赏满山红果、品果中珍奇的同时，还能感受小沙独特的文化底蕴和风土人情。品尝时令水果，让游人体验边采摘边品尝杨梅的快乐。

重点项目 11：驿站。驿站位于园区采摘林和生产林区域，建设规模为每个 20 $米^2$ 左右。利用山地就势修建驿站，形成景观节点，驿站临山修筑，可供人们休息、玩耍、停留、登高望远。

重点项目 12：观景平台。观景平台位于园区采摘林片区，一共有 7 个，其中 1 个建设规模 300 $米^2$，其余 6 个 100 $米^2$，共计 900 $米^2$。通过修建观景平台，可以俯瞰整个片区，满足游客极目远眺的视野需求，同时，平台处提供座椅、饮水售卖等休憩设施，具有供游客停留、休息、观景的功能。

重点项目 13：杨梅山庄。杨梅山庄位于村内各民宿经营点，在保留旧的建筑风格的基础上，把现有民居在现有特色的基础上进行提升、改造和创新，融合餐饮、居住、乡村休闲等元素，形成一种“民宿＋农业生态游”的商业模式。从街道到房间设计，完整呈现农村的生活风情，利用舟山海岛文化、民俗文化以及周围大自然的环境背景，开发海岛特色民宿集群。

重点项目 14：杨梅文化街。杨梅文化街位于沈毕家村核心区域，建设规模约 10 亩。该区域打造以舟山定海杨梅及海岛文化为主题的文化街区，集休闲、娱乐、观光于一体，以亲自然、品文化、慢生活、悠然居为规划理念。

重点项目 15：旅养别舍。旅养别舍位于沈毕家村西侧，围绕城市家庭中老人、父母、孩子都有渴望回归田园、体验乡村生活的现实需求，沈毕家村建设乡村养生养老度假项目——旅养别舍。采用“若干独立农家小院＋公共活动区”的方式，以农家小院等乡村元素还原“阡陌交通，鸡犬相闻”的乡村生活，同时考虑城市游客的现代生活需求，适当融入时尚元素。考虑综合服务的需要，以本地乡土建筑风格建设门房、厨房餐厅、活动室、管理用房。注重周围环境的美化，作为度假游客日常散步、运动、交流的场地。

重点项目 16：竹林氧吧。竹林氧吧位于园区内竹林，建设规模 30 亩左右。长 2 千米的茂竹夹道——“翠竹长廊”，对人体健康有很好的作用。负氧离子能有效激活空气中的氧分子，使其更加活跃进而被人体吸收，促进人体新陈代谢，提高免疫力，调节机能平衡，令人心旷神怡，被喻为“空气维生素”。

重点项目 17：环山自行车绿道。该项目位于园区环山道路，建设规模 3.4 千米。对现有山路、沿山的缓坡地及田园间的乡道进行整合、梳理，打造一条环形的骑行道。骑行道的宽度为 2～4 米，部分路段可以采用“拱绿”等形式，丰富骑行的体验，同时增加反映当地特色文化的景观小品等，使骑行绿道成为生态道、文化道。

重点项目 18：花境。花境位于园区入口及重要节点，建设规模 5 亩左右。沿着主路两边营造花草景观，增加景观效果，形成丰富的观赏效果，通过合理的植物配置，以生物多样性原理为指导，草本花卉和木本花卉穿插种植，形成条状分布，通过色彩的搭配，营造出集观赏、休闲于一体的花带花海景观。

本案还对产品体系、节事节庆策划、旅游线路规划、市场营销策划等做了规划设计；对杨梅种质资源、引种苗木规格及种植要求、墓地种植种类、水利系统规划、房屋改造措施等做了专项规划。

投资概算：项目总投资额 4 068.43 万元，估算内容包括基础建设费用 3 791.85万元，种植费用 176.58 万元，其他费用支出 100 万元。

中国安吉“两山”农业种质园规划

安吉是浙江北部一个极具发展特色的生态县，取《诗经》“安且吉兮”之意得名，距上海220千米、杭州65千米、湖州63千米，交通便利，构筑了安吉与上海、杭州、南京、苏州、宁波等周边大城市的3小时经济交通圈，是我国唯一获得联合国人居奖的县。

规划范围：该项目位于安吉县笔架山农业高新区（南片区）的先导区西北角，占地面积313 230米^2，约470亩。

发展思路：以中药材、珍稀水果与旱粮作物为研发特色，通过现代种植科技和工艺，驯化传统中草药，实现规模化、标准化种植；通过核心项目带动，以引种、驯化、种植、采收、加工为主要立足点，扩大“两山”品牌影响，实现全县农业产业的转型升级。

发展目标：促进农业产业结构调整，加大珍稀中草药、珍稀水果以及旱地作物品种的研究，提高农业科技水平，优化农业产业结构。推进新兴产业发展，引领农业产业的转型升级，将其打造成集资源整合和种质研发的孵化基地与农业硅谷。

总体定位：打造道地中药材与旱粮种质孵化平台，建成中国现代农业硅谷及科技引领、资源整合和种质资源研发的种业孵化基地。

定位目标：扩大“两山”品牌影响；促进产业结构调整，打造农业硅谷；推进新兴产业发展。

目标期限：2018年——编制种质园规划；确定功能分区，进行土地平整；启动品种普查征集引入试种；基本完成内部主干道路网建设。2019年——建设科研中心及配套设施；完成大棚及辅助设施建设；确定首批优选品种进行培育。2020年——内部环境绿化美化提升；种质园基本建成，对外开放经营；首批种苗形成初步规模。

发展趋势：平面转向立体化，产业发展集中化，手段科技智能信息化，“保育区”规模化，农民高素质化。

发展措施：推进中草药品种驯化实验，加强中药材规模化种植，加强名贵新品药材培育，大力培育药食同源类产业，加强中药材加工、仓储和品牌展销。

开发策略：“三个创新、五大功能”。“三个创新”是指模式的创新、技术的创新、功能组合的创新；“五大功能”是指国内领先的都市型现代农业示范功能、以高附加值终端消费引领全产业链的现代农业产业示范功能、种质资源保护功能、农业研发孵化功能、农业交流平台功能。

功能分区：水生植物景观区、特色中药示范区、中草药种源种苗种植区。

种植分区：水生植物景观区种植水生植物和中药花卉；特色中药示范区种植中药、水果和旱粮；中草药种源种苗种植区种植中药、热带温室花卉，并开展创意农业项目和道路绿化。

水生植物景观区位于项目中部，面积总计123亩，区域内中间为大面积水域，搭配水生花卉种植、水生中草药展示、中草药花卉种植等项目，打造集观光、科普、研究为一体的湿地功能区。该景观区包括疏林草地（15亩）、种子种苗创新研究中心（15亩）、景观中草药园（10亩）、水生花卉景观（22.7亩）、中草药花卉种植区（3亩）等。

特色中药示范区位于园区东侧，占地面积约118亩，包含优质旱粮展示区和浙十二味及珍稀中草药展示区、药食两用植物种植区、中药类防护林带等。该示范区以各种抗逆性强、知名度高、成景效果好的旱粮作物与本地中草药为主，进行适当的搭配式种植，形成层次感强的生产景观园，包括名贵中药疏林草地（18亩）、药食两用植物种植区（桃园）（23亩）、中药类防护林带（14.6亩）、浙十二味及珍稀中草药展示（26亩）、优质旱粮展示区（25.6亩）等。

安吉“两山”农业种质园种植分布

中草药种源种苗种植区位于园区西部，占地面积约229亩，包含中药类防护林带、中草药种源种苗种植区、有机农业生产资料工厂、仓库管理房、种植工厂、经济果园景观林等项目。中药类防护林带主要利用林下空间种植中草药，种植区大面积种植中草药，仓库管理房起到棚区总体监控管理的作用；种植工厂设施大棚与玻璃温室能栽培一些对温度、光照等有特殊要求的中草药。该种植区包括中药类防护林带14亩、中草药种源种苗种植区177亩（含防护林带下14亩）、有机农业生产资料工厂3亩、仓库管理房7亩、种植工厂32亩、经济果园景观林10亩。

本案还对温室栽培、室外栽培、种质资源名录、道路系统、给排水系统、污水处理系统、水环境、温室雨水收集系统、太阳能杀虫灯、电路系统、照明系统、标识标牌系统、隔离防护系统、通信系统等做了专项规划。

投资估算：3 003万元。

安吉“两山”农业种质园鸟瞰图

义乌市上溪镇百草园概念性规划

义乌市上溪镇区位优势得天独厚，东距国际商贸城 10 千米，西与金东区毗邻，北与浦江、兰溪相连。杭金衢高速公路（设有二级互通口）、浙赣电气化铁路横贯其中，03 省道杭金公路穿镇而过，80 米宽的四海大道与金东区、金三角、金港大道相连，上溪一佛堂快速大道与金甬高速公路相接直往宁波。随着交通干道的不断建设，上溪镇在义乌西南地区的交通枢纽地位进一步巩固，为其发展带来新的生机和活力。

项目位于上溪镇黄山一村及其周边。黄山一村村民多以种植中草药为主，白芍、石斛、虎掌三七、红丹参、金银花等中草药种植较多。黄山一村曾出过一位孙中山先生的“御医”，且村内多人世代为医，其中陈元鑫多次参加中国民间中医医药大会，被评为民间中医特技人才。

规划总则：借上溪“旅游名镇”、旅游目的地镇建设之势，黄山一村依托人文风情古迹游的精品线路，努力做好做强“百草园”这一品牌。

规划原则：因地制宜，综合规划；农业为本，协调发展；尊重乡土，营造特色；生态和谐，永续发展。

规划定位：上溪镇百草园立足中草药生态农业"健康养生""绿色环保"及"传统文化"科普教育的特点，以中草药的科学种植为主体，立体纵向发展，以市场为导向，以区域优势为基础，以产业化经营为主线，充分利用中草药奇花异草的自然景观，形成"可览、可游、可居"的环境景观和集自然、生产、休闲、康乐、教育于一体的休闲观光乐园，打造体验中草药神奇与观光农业相结合的特色旅游。

道路分析：整个游园道路成环状，主入口在场地的东北侧，场地内道路的主要形式有 3 种，分别为主游步道、木栈道和田间小道。主游步道串联场地的各个分区，使之成为一个整体，并且形成了一个循环的环线。木栈道主要分布在花海景观区，为游客欣赏花海景观提供游线指导。田间小道主要由田埂道组成，为游客近距离欣赏花海和摄影提供落脚点。

功能分区：根据园区功能和性质定位，将其分为 6 个区块，分别是入口综合服务区、民居民宿区、农作物迷踪区、中草药种植区、智能温室展览区以及花海湿地游览区。

上溪镇百草园规划平面图

入口综合服务区位于场地北侧，主要包括生态停车场、瓜果长廊、游客接待中心 3 个子项目，主要承担游客集散、车辆停放登记、信息交流、物流集散等功能。入口区的规划主要以体现当地特色建筑景观、营造人与自然和谐相处的氛围、展现园区先进性为特点，以当地特色建筑和乡土植物为主要构成元素，打造极具地方特色的入口节点景观。

农作物迷踪区位于场地东侧，毗邻民宿区，是一处适宜人们旅游观光、休闲度假的新场所。该区域利用玉米秸秆等农作物种植“迷宫阵”，同时提供相关农副产品的销售、农作物采摘等多项服务。迷宫种植园为脚丫样式，迷宫内种植适宜采摘的鲜食玉米和番茄、五彩椒等蔬菜品种，人们在游玩、采摘的同时还可了解义乌的地形和主要农作物等知识。迷宫内增设了许多公共基础设施，既可以满足游客的需求，又可以在其中举行相关的活动。

智能温室展览区由智能温室区和栽培展览区两个部分组成，子项目有品种繁育区、设施栽培示范区、可食地景等。智能温室区采用先进的现代温室技术和设施栽培技术，承担园区中草药以及花卉的驯化繁育、设施栽培技术展示等功能。栽培展览区位于智能温室周边小地块，采用智能灌溉系统及水肥一体化技术，减少人为干扰；选取色彩鲜艳的蔬菜和中草药花卉，营造田园小菜地的景观效果。

中草药种植区由香草园、百草园两个区块组成。香草园位于种植区北侧，选用具有芳香气味的中草药进行种植。具有特殊芳香的中草药自古便是名贵的香辛料，作用繁多，或被用于药膳，改善食欲、调理身体，或被用于制作香囊，祛灾辟邪、保人平安。这类中草药和人们的生活息息相关，并随着民俗节日形成一种草药文化，如端午节门上挂艾草，小孩需佩戴香包等。推荐种植的中草药有佩兰、艾草、紫苏叶、藿香、苍术、白芷、茴香等。百草园位于种植区南侧，规划引进一些名贵的既有药用价值又有观赏性的中药植物以及知名度高、成景效果好的本地中草药，进行适当的搭配式种植，形成层次感强、具有季节性景观的百草园。对这些中草药的品种、药性等基本信息进行标注，可以让百草园在丰富园区景观内容的同时完成中草药科普的任务。推荐种植的中草药有浙八味、铁皮石斛、虎掌三七、七叶一枝花、元胡、红丹参、菊花、金银花、倒金钟、玉枝花、六月雪等。

花海湿地游览区以花卉为景观主题，配合大面积的景观农作物种植，打造规模化的生态景观。随着花期的更迭，在不同时节可以看到不同种类、不同色彩的花卉。为了营造良好的观景效果，该游览区采用“湿地＋花海”的方式，形成动静结合的花海景观，使景色更具生机。同时，该项目也承担着科普教育功能，通过树立标识牌、二维码扫描等方式，增加游客对花卉的认知以及对花卉生态习性、花卉栽培技术的了解，使游客在花海景观游憩的过程中，学习实用的科学知识，通过向自然学习，树立生态旅游的意识，传播生态理念。其子

上溪镇百草园功能分区

项目有缤纷四季花海景观、花湖生态湿地景观、花海趣味景观小品、休闲平台、花田喜事体验活动设计、生态田园体验活动设计等。

本案还对中草药展览馆与文化礼堂、民居改造提升、智能温室、主题活动等做了专项规划设计。

台州市农业科技创新园规划设计

台州是浙江省省辖地级市，位于浙江省中部沿海，东濒东海，北靠绍兴市、宁波市，南邻温州市，西与金华市和丽水市毗邻，居山面海，平原丘陵相间，形成“七山一水二分田”的格局。台州以“佛、山、海、城、洞”五景最具特色，拥有国家重点风景名胜区天台山、长屿硐天和国家级历史文化名城临海，自古以“海上名山”著称。台州是国家发展和改革委员会批准的全国唯一民间投资创新综合改革试点城市。

椒江区是台州市政府所在地，位于浙江省沿海中部台州湾入口处，旧称“海门”，是台州的主城区，1981 年建市，因与江苏省南通市海门市同名而改称椒江。

本项目位于椒江区开发大道东段与聚海大道西北区块，规划面积约 1 367.8 亩。

指导思想：以习近平新时代中国特色社会主义思想为指导，贯彻落实台州市委“推动农业全面升级、农村全面进步、农民全面发展，高标准打造乡村振兴战略先行市和示范市，奋力谱写新时代乡村全面振兴的台州篇章”，以平台建设促进农业科技创新，以农业科技创新带动科技成果转化、农业人才培养、农业技术科普和休闲农业观光，为台州现代农业发展提供强有力的人才、技术支撑，不断推动台州农业产业更有奔头、台州农民职业更有吸引力、台州农村美丽家园更安居乐业。

规划理念：规划具有特色亮点的3条主线（农业科技主线、台州特色作物主线、科普教育主线），打造台州农业科技制高点。按照“用现代物质条件装备农业，用现代科学技术改造农业，用现代产业体系提升农业，用培养新型农民发展农业”的现代化农业发展理念，通过农业高新技术综合集成、成果转化和示范推广，搭建农业高新科技创新平台和成果转换平台，建设高起点规划、高标准建设、高水平运行的台州农业科技创新园。

台州市农业科技创新园功能布局

整体定位：“4321”——4个平台、3个特色、2个引领、1个核心。4个平台即农业科技研发平台、成果展示转化平台、职业农民培训平台、科普农旅体验平台；体现3个特色即体现最高端设施特色、体现最优良品种特色、体现最先进技术特色；做到2个引领即引领台州现代农业、引领台州美丽田园综合体发展；围绕1个核心即围绕助力推进乡村振兴战略这个核心。

创新载体：建设“全国高素质农民培育示范基地”和“国家设施农业工程技术研究中心台州分中心”，争创“国家农业科学试验站”“国家农作物品种区试站”“国家薯芋类种质资源圃”“中国西兰花新品种展示中心”等。

总体功能布局：两大区块建设——核心区、拓展区。

核心区以高新科技农业为主题，打造以最高端的设施、最优良的品种、最先进的技术为目标的新型农业科技创新园，引领未来农业的高精尖发展方向，引领台州现代农业发展，推进农业建设研究与科技示范，创建国家农业科学实验站、国家农作物品种区域试验站、全国高素质农民培育示范基地等，建成省内一流的农业科研创新示范基地和农业科技硅谷，不断推进乡村振兴。重点建设主入口、综合实验楼、地源热泵等系统的核心机房、种子种苗繁育中心、超高产技术展示中心、温室花园生态走廊、特色樱桃园、国家农业科学实验站、国家农作物品种区试站、国家薯芋类种质资源圃、台州名优果树种植区、西兰花种子种苗生产中心等。核心区占地 317.8 亩，其中建设用地 17.8 亩，用于新建综合实验楼，总建筑面积 10 400 米^2，智能玻璃温室占地 20 000 米^2。

拓展区以科普教育体验及台州特色作物种植为亮点，通过多样性的生态景观、高互动的农事体验、多维度的农业展示、高水准的农业技术，融合体验农业、创意农业等新兴农业元素，对园区农业功能进行拓展与延伸，打造集农业科研、创新示范、农业生态景观为一体的农业科技创新园。重点建设现代农业科技体验区、数字农田、农耕农事体验区、台州名优蔬菜种植区、空中农业科普长廊、农耕文化展示区、“南极长城站”温室、生态循环种养区、中药材种苗繁育区、五行药园、瓜果蔬菜新品种展示中心、多彩蔬菜园、水生植物种植区、农作物迷宫、强排水渠口、防风景观带、生态停车场、生态驿站等。拓展区占地 1 050 亩。

三大亮点主线之一：农业科技主线。农业科技主线包括综合实验楼、智能温室、国家农作物品种区试站、国家薯芋类种质资源圃、国家农业科学实验站、现代农业科技体验区、数字农田、台州名优蔬菜种植区、“南极长城站”温室、瓜果蔬菜新品种展示中心。

三大亮点主线之二：台州特色作物主线。台州特色作物主线包括台州名优果树种植区、西兰花种子种苗生产基地、台州名优蔬菜种植区、中药材种苗繁育区、五行药园、水生经济作物种植区。

三大亮点主线之三：科普教育主线。科普教育主线包括农耕农事体验区、农耕文化展示区、农作物迷宫、空中农业科普长廊、多彩蔬菜园。

本案对道路交通、水系、排水灌溉、卫生公共设施、农事节日活动、标识系统、现代设施农业技术等做了专项规划设计。

投资估算：总投资估算 42 679 万元，其中核心区 20 428 万元，拓展区 22 251 万元。

经济效益：本项目经营性质以公益为主，科普教育体验为辅。其经济效益主要体现在现代高科技农业生产以及科研新品种的研发、成果转化方面，如新品种研究、苗木培育、特色瓜果蔬菜种植等，项目区建设投产后可将科研成果进行转化，并产生显著的经济效益。

台州市农业科技创新园鸟瞰图

社会效益：此规划项目定位于构建高新农业科学技术研究平台、农业科技成果转化的孵化器、高素质农民培训示范基地。加快培育创新型团队，加快新品种的研究力度，对未来农业产业形成推动。园区建设规划紧紧围绕“最高端的设施、最优良的品种、最先进的技术”的核心要求，按照“立足国内领先、争取世界先进”的建设标准打造台州标志性的高新农业技术创新基地，能够切实提高全市农业科技的创新能力和农业科技成果的转化能力。

生态效益：该地块原为滩涂盐碱地，盐碱地的改良工程改善了土壤条件，提高了农产品产量和水资源利用效率，维持农业可持续发展。

新登农业公园概念规划

杭州市富阳区是东部沿海经济较为发达的河谷丘陵地区，随着杭州市城乡一体化的迅速推进，富阳区现代农业发展搭上了快车，建立与杭州市经济、社会和生态发展相适应的现代农业将成为富阳区农业工作的核心。为大力推动区农业现代化发展，该地区制定了包括《"十三五"农业规划》在内的一系列方针政策。

自2015年富阳撤市划区以来，逐步发展为杭州城区的西花园，已经举办的G20峰会和即将举办的亚运会也给富阳旅游带来了积极影响。不同于杭州精致的城市旅游，富阳作为杭州的西花园，承载了浓浓的乡愁，为休闲农业旅游带来巨大的发展契机。

新登农业公园概念规划旨在建立一个新登镇和富阳之间的农业公园，结合新登"一城山水秀，十里花果香"的口号，面向富阳和杭州，服务当地农户致富并为外来游客提供一个生态健康娱乐的杭州西花园。1995年以来，新登镇先后被列为全国小城镇综合改革试点镇、联合国开发计划署"可持续发展的中国小城镇"试点镇、浙江省和杭州市中心镇、浙江省卫生镇、浙江省"东海文化明珠工程"和浙江省首批科普示范镇。

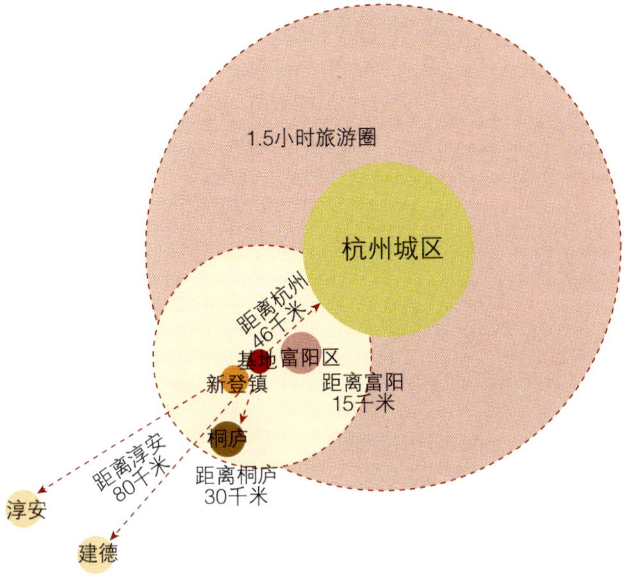

新登农业公园区位分析

区位分析：本项目位于浙江省杭州市富阳区新登镇，320国道杭新公路和05省道杭淳公路在镇区交汇。项目处于“三江一湖”黄金旅游线上，交通便捷，属于杭州一小时半旅游圈；地处长江三角洲南翼，属于长三角一小时半经济圈。项目基地位于富阳城区的西南方，新登镇的东北方，新登新城东侧，北临贤明山森林公园，距离富阳区15千米，车程约20分钟，距离杭州46千米，车程约90分钟。

规划范围：本项目位于浙江省杭州市富阳区西部，新登镇东部，有连通富阳和新登的320国道杭新公路穿过，农业公园项目总面积约为1万亩。农业公园核心区块主要包含5种用地性质，分别为永久基本农田、一般农田、林地、水体及建筑用地。《基本农田保护条例》规定，永久基本农田禁止建设开发；《中华人民共和国森林法实施条例》第二十二条规定，坡度为25°的坡地应当用于植树、种草，禁止开垦。在保留永久性基本农田的基础上，对一般农田及林地进行合理规划。

主题构思：看山望水忆乡愁。随着游客日益追求自由与个性的自助旅游方式的兴起，为满足城市人群远离城市、反璞田园的心理，不同于一般城市的观光旅游，营造一个可以互动体验、感受乡愁的田园场所。坚持“以农为本”，凭借多样且宜人的自然环境，结合苏轼有关描写新登的诗词文化，打造江南诗意田园，发展集农业生产、农田观光、休闲度假、参与体验于一体的具有新登特色的休闲农业公园。

主题定位： 多彩新城、乐享田园。集循环农业、创意农业、养生农业、体验农业等新型农业业态和农业旅游于一体的综合性农业公园。着重发展茶产业、特色桃产业、竹产业、中草药种植产业四大产业，逐步带动先进农业技术科普、农业技术推广、休闲农业观光旅游及亲子农事体验等文化产业的发展，实现乡村产业兴旺、生态宜居、乡风文明、治理有效、生活富裕的目标。

新登农业公园空间布局

功能定位： 科研合作、高新示范；科技研发、创新创业；休闲体验、创意互动；社区开发、服务“三农”。

发展目标： 产业目标——现代农业产业的先行者；文旅目标——农旅休闲体验综合体；科技目标——先进农业科技示范基地；影响目标——农业公园核心辐射区。

规划构思： 区位视角——立足杭州市，面向长三角，打造新登农业公园；产业视角——突出茶、竹、桃、中草药产业深度融合发展，走农文旅结合之路；生态视角——打造乡土风情，尊崇地域自然山水田园；文化视角——突出地域特色文化，以保护为主，适度开发利用；市场视角——强化农业产业市场、升级乡村旅游市场；差异化视角——项目个性差异化；客户需求视角——物质需求、精神需求、社会需求。

规划措施： ①规划体验农业、创意农业、养生农业三大片区；②建设现代农业产业融合发展中心；③植入新登元素与打造文化品牌。

规划策略：①利用自身特色，走多元化特色发展之路；②产业提升，建设现代农业产业融合发展中心，提高农业效率；③促进产业联动，一二三产业融合发展；④突出亮点产品，融合田园景观。

空间布局：“一带·三区·多点”。

“一带”即农业景观带。结合美丽田园建设，在基地内沿省道主干道两侧打造多彩变化的道路四季花海景观带，在可视范围内种植创意景观作物田。种植模式为观赏性水果乔木为行道树，向道路内侧方向主要种植具有观赏价值的作物、草花等，如“彩色油菜＋彩色水稻轮作”“时令花卉、彩色油菜＋向日葵轮作”等，带来视觉冲击力。以大片“大地艺术”农田景观为主，使公路沿线一年四季呈现不同的景致和韵色，提高道路景观带的生态及景观价值。

“三区”即体验农业区、创意农业区和养生农业区。

体验农业区有桂花谷、共享菜园、创意农业大地景观、竹海听涛、桃源仙谷、四季果园、耕读园、渔乐园、农作物迷宫、儿童拓展乐园、共享菜园、田园学院、昆虫馆、互动牧场、仙蜜坊、欢乐茶园、田园书吧、智能玻璃温室、特色民宿、田园音乐广场、集镇中心、农夫市集等。

创意农业区以创意农业大地景观为重点项目，推荐农作物种植品种和高新技术，如 VR、无人机农药喷洒，另外还有花卉产业、桃产业、竹产业、茶产业等基础和延伸产业为支柱产业，并突出生态种养等生态型口号，达到和谐统一的生态平衡，同时兼具科普、观赏等功能。创意农业区有茶韵梅香、垂钓台、四季花溪、创意农业大地景观、荷塘月色、百花公园、汽车影院等。

养生农业区主要依托药材种植基地，以中草药种植为主，并结合中草药科普教育发展游憩观光，围绕地方特色中药材、药食同源种类和滋阴类中药材，形成中药材生产链条，开发药材资源，塑造品牌，带动新登周边中药材产业的发展。养生农业区有樱花谷、花田喜事、云端草花梯田、滑草场、度假酒店、酒店养生药浴、山地自行车道、药用芳香园、中草药种植基地、养生堂、现代农业产业融合发展中心等。

“多点”即多个农业景观节点串联，打造丰富多彩的农业公园，具体包括樱花谷、桂花谷、百花公园、茶韵梅香、药用芳香园、花田喜事、四季果园、大地景观、荷塘月色、无动力乐园、互动牧场、欢乐茶园、农夫市集等。

本案还对农业种植规划、生态低碳规划、旅游活动策划、旅游线路规划、交通道路专项、服务设施做了专项规划设计。

投资估算：总投资 257 691 万元，其中一期（2018—2020 年）114 460 万元，二期（2020—2021 年）80 796 万元，三期（2021—2022 年）62 435 万元。

经济效益：在农业公园的经营中，企业年总收入可达 3 亿元以上，在农产销售上，农民人均增加 2 000 元以上。另外，农民还将获得土地租金收入、效益分红收入、创业收入及就业薪资收入。通过土地流转 10 000 余亩，村民可以获得 625 万元的土地租金；景区预计每年吸引游客 80 万～120 万/人次，将带来 1 亿多元的营业额，除去成本，村民根据股份可以获得相应的分红；农民以“个体户”的形式参与农业生产、旅游接待服务，可获得经营收入；打造 4A 级景区，吸引年轻人创业，农户可以将自己的房子改成精品民宿，按 30 万元/户和 30 户算，收入可达 900 万元；农民还可作为园区服务人员、安保、建设工人、环保人员等参与园区的建设发展，获得薪资收入。

社会效益：坚持“以农为本”，发展集农业生产、农田观光、休闲度假、参与体验于一体的具有新登特色的休闲农业公园，助推当地农户致富。营造宜人自然环境，打造江南诗意田园，满足城市人群远离城市、回归田园的心理，给外来游客提供一个生态健康娱乐的杭州西花园，助力实现新登“一城山水秀，十里花果香”的目标。此外，农民收入的增加和就业率的提高将促进当地经济发展和社会稳定。

环境效益：结合美丽田园的建设，沿省道主干道两侧打造四季花海景观带，使公路沿线四季呈现不同的景致和韵味，提高生态、景观价值。体验农业区的桂花谷、共享菜园、农业景观、竹海听涛等数十项规划设计无不为生态增色；花卉产业、桃产业、竹产业、茶产业等支柱产业突出生态种养等生态型口号，达到和谐统一的生态平衡；茶韵梅香、垂钓台、四季花溪、创意农业大地景观、荷塘月色、百花公园、汽车影院等也为生态增色；药材种植基地以及樱花谷、药用芳香园等则把养生融入了生态。

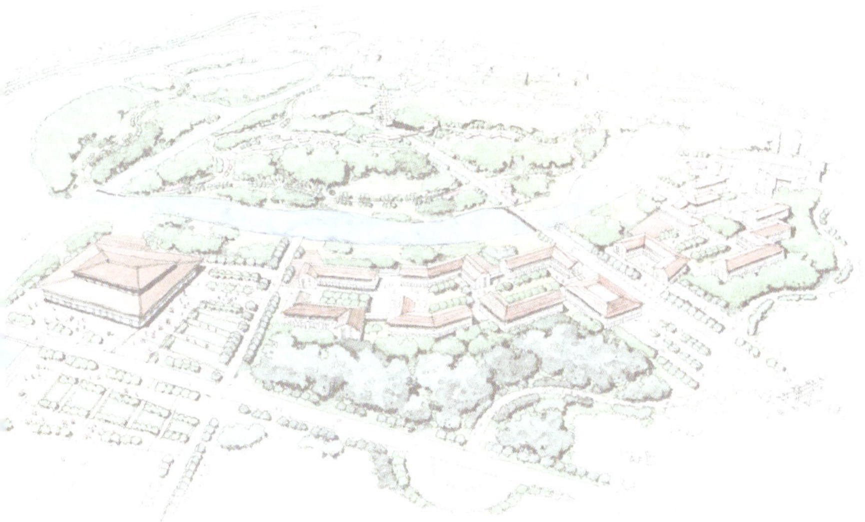

嵊州市国家级水稻新品种展示与示范基地总体规划

嵊州市良种繁育场位于嵊州市西南部甘霖镇，距市区 12 千米，东北与鹿山街道、三江街道为邻，东南与新昌县交界，南与里南乡接壤，西与长乐镇相望。嵊州市位于浙江省中部偏东，曹娥江上游，北纬 29°35′，东经 120°49′，东邻宁波市奉化市、宁波市余姚市，南毗新昌县、东阳市，西连诸暨市，北接上虞区、柯桥区。嵊州市境域东西长 64.1 千米，南北宽 55.4 千米，总面积 1 784.43 千米^2。

项目规划期 5 年（2018—2022 年），分两期完成。前期（2018—2019 年）建成国家级水稻新品种展示示范基地，主要完成场区相关的规划设计、农耕机具库房的改造、场区道路硬化和绿化改造、农场防洪沟渠围栏等建设工作。后期（2020—2022 年）建成水稻新品种展示样板区，主要完成大米深加工基地、烘干中心、农产品展示中心、粮食贮藏冷库、水稻文化馆等的建设，完成健全服务管理体系，进一步优化生态环境，维护与改进设施设备。

规划理念：贯彻“绿水青山就是金山银山”的发展理念，坚持“生态化、大众化、精细化、融合化”的发展战略，突出“姓农、为农、兴农”的田园建设理念，围绕“规划布局美、主体活力强、质量品牌优、农科结合紧”等要求，全面提升农场建设水平。

规划思路：依托国家级水稻新品种核心展示区，发挥浙江省水稻新品种大会的影响力，深度挖掘内生动力，落实农场现有基础设施的更新改造，合理配置服务功能，创新服务模式，扎实推进农业供给侧结构性改革和绿色农业快速发展。

规划原则：因地制宜原则——利用当地水稻产业基底，突出农场特色；可持续原则——加强农业优质品种硬实力，融入农旅综合开发软实力，实现园区可持续发展；特色鲜明原则——以水稻产业为基础，大力发展农业，实现“看禾选种”“田间论稻”的特色模式。

规划定位：建设成为集创意农业、科技农业、文化农业、安全农业、循环农业、数字农业为一体的国家级水稻新品种示范先行区。

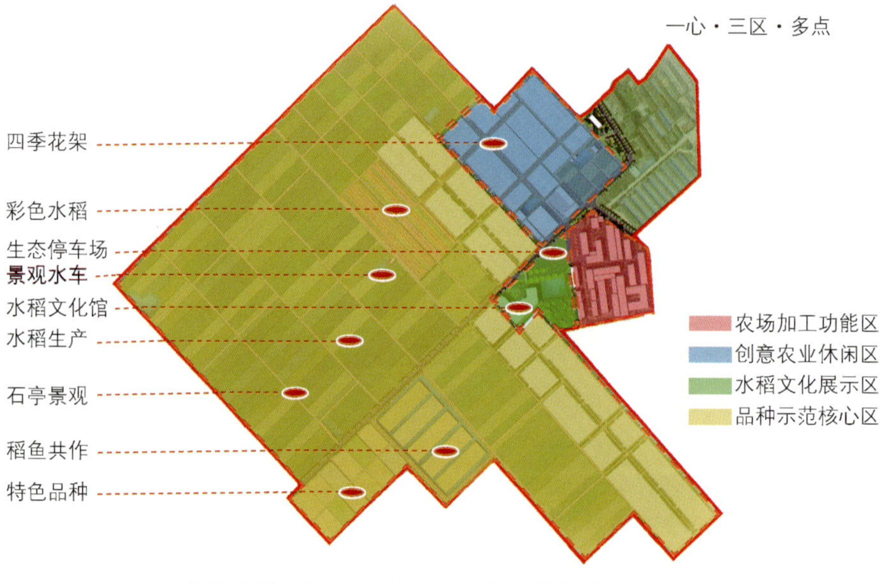

嵊州市国家级水稻新品种展示与示范基地功能分区

发展目标：推进农场环境改善，形成“环境优美、产业发展”新格局，具备农旅休闲功能的美丽农场；提倡高新技术指导，实现稻田管理数字化、生产加工一体化，打造现代化智慧型科技农场；创建丰富多维的文化体验空间，落实水稻新品种大会工作，具备文化宣传、科普教育功能的文化农场；制定食品安全标准，推进农场围栏、水渠等基础工程建设，打造具有农场安全保障功能的安全农场；创建绿色防控示范点，推进水稻化肥农药减量实验行动，打造绿色农业、生态农业的生态循环农场；健全农场服务设施和服务体系，引进大米深加工、烘干、冷藏等设备，加强社会服务功能的社会服务农场。

功能布局：“一心·三区·多点”。

“一心”即新品种示范核心区。该区域位于园区的西南面，是良种繁育场的重点打造区块，主要提升改造内部的农田、大棚、机耕路等基础设施。同时，对农田的区块功能进行细化，打造以优质水稻、彩色水稻、鱼稻共作、特种水稻、旱地作物为特色的生产示范田，包括育秧大棚、优质水稻示范田、彩色水稻展示、水车莲池、新品种研发基地、石亭、肥力试验田、鱼稻共作示范田、特种水稻展示田、旱地作物展示等。

“三区”包括农场生产管理区、水稻文化展示区和创意农业休闲区。

农场生产管理区位于园区的东面，规划对该区域内的主入口、道路、厂房、宿舍、绿化等进行提升改造，使区块内现有设施有较大改善。同时强化对农场管理办公室、大米深加工厂、粮食贮藏冷库、农耕机具展示厅的建设，打造多功能相融合的农场生产管理板块。农场生产管理区包括主入口、景观树池、办公管理房、农耕机具展示厅、粮食贮藏冷库、农场主路、宿舍、备用厂房、组团绿化等。

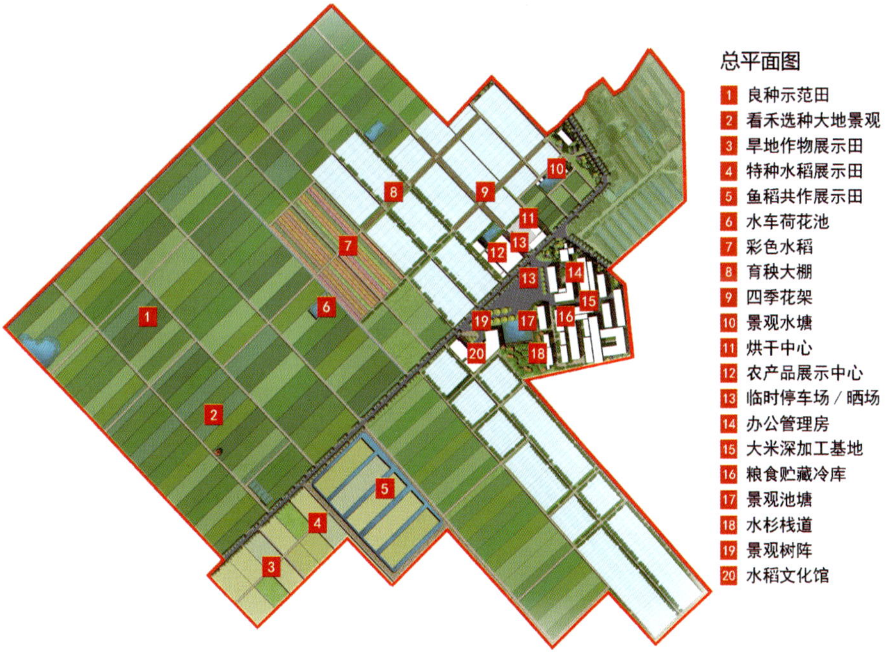

嵊州市国家水稻新品种展示与示范基地规划平面图

水稻文化展示区位于农场功能区的西面，是良种繁育场的重要组成部分，规划对该区域内的入口牌坊标识、道路、水塘、绿化等进行提升改造，并增加水稻文化馆、游客服务中心、生态停车场、树池广场、绿道、栈道等建设内容，完善园区内部交通系统，美化园区环境，使其成为一个可学、可游、可憩的农场文化场所。水稻文化展示区包括游客服务中心、入口牌坊标识、滨水绿道、水杉栈道、树池广场、绿荫大道、水稻文化馆、新品种展示大会、交通绿岛、景观水塘等。

创意农业休闲区位于园区的东北面，是农场休闲项目的聚集区，规划对该区域内的道路、大棚、水塘、农田、绿化等进行改造，在入口处摆放若干可移动花箱，提升景观效果，营造农旅氛围。同时新建光伏温室、四季花架、农产品展示中心、烘干中心，打造兼具生产功能、休闲游憩、观光游览的农场特色板块。创意农业休闲区包括种植大棚、农产品展示中心、四季花架、烘干中心、光伏温室、生产示范田、景观水塘、停车场、花箱景观等。

本案还对以下项目做了专项规划设计：农业专项中的水稻新品种展示、稻鱼共作展示、农产品展示、大米深加工厂、粮食贮藏冷库、烘干中心、大棚温室等；水稻文化馆中的“一带一路”、杂交水稻之父袁隆平介绍、水稻品种展示、农耕机具展示、游客服务中心等；绿化专项中的植物设计原则、植物设计思路、植物空间意向图、推荐植物配置表；道路交通规划分析、排水设施、灯光、设备设施、游览标识系统、客源市场分析等。

投资估算：见下表。

投 资 估 算 表

序号	建设项目	建设年份	投资金额（万元）
1	良种示范田优化提升	2018	50
		2019	80
		2020	40
2	大地景观	2019	20
		2020	20
3	旱地作物展示田	2020	80
		2021	50
4	特种水稻展示田	2019	80
		2020	40

（续）

序号	建设项目	建设年份	投资金额（万元）
5	稻鱼共作展示田	2019	90
		2020	40
6	景观水塘建设	2019	90
		2020	40
		2021	40
7	彩色水稻示范田	2018	20
		2019	20
8	育秧大棚整体提升	2018	80
		2019	40
		2020	40
9	四季花架	2018	20
		2019	40
10	烘干中心	2020	100
		2021	200
11	粮食贮藏冷库	2020	100
		2021	200
12	生态温室	2019	50
		2020	50
13	防洪沟渠	2018	50
		2019	10
14	农场道路翻新	2018	50
		2019	50
		2020	80
15	外部围栏	2018	50
		2019	10
16	水稻文化馆	2020	50
		2021	410
		2022	1 000

（续）

序号	建设项目	建设年份	投资金额（万元）
17	农产品展示中心	2020	50
		2021	80
		2022	280
18	农耕机具展示厅	2020	50
		2021	100
		2022	340
19	美丽农场景观绿化	2018	15
		2019	20
		2020	20
		2021	20
		2022	20

经济效益：实现社会化综合服务创收，预计年递增8%以上；良种繁育场全面推进地区农业发展，建立健全农产业链，大力拓展现代农业的多种功能，打造以“水稻文化参观＋良种展示”“农业技术推广＋农民培训”“农业种植＋农业观光”为特色的经营方式，实现自给自足的可持续发展模式。

社会效益：通过项目建设，推进社会化服务的设施保障和技术提升，加快绿色优质水稻新品种的推陈出新，打造国内一流水稻“看禾选种”窗口和区域水稻全程社会化服务样板。

建德大慈岩·天任农业公园概念性规划

规划区总占地 18 900 亩，位于建德市大慈岩镇西南部，地处杭州、金华、衢州三地交界处，距大慈岩镇政府 4 千米，330 国道经龙葛线可直达规划区，交通便捷。规划区外部有杭金衢高速公路、杭新景高速公路、龙丽温高速公路，与上海、杭州、衢州、金华、丽水等地区相连，交通便利；有官塘线、“大慈岩—里叶”道路（规划）、S216、G330、游诸线等，与大慈岩镇、兰溪县、龙游县等相连。

总体定位：互联网农业时代的生态农业公园。以经营公园的思路，利用农村广阔的田野和绿色村庄，将自身发展成集生产、生活、景观为一体的生态休闲和乡土文化旅游功能区。它以原住民生活区域为核心，融入低碳环保、循环可持续的发展理念，涵盖园林化的乡村景观、生态化的郊野田园、景观化的农耕文化、产业化的组织形式、现代化的农业生产等内容，是一个更能体现和谐发展模式、浪漫主义色彩、简约生活理念、返璞归真追求的现代农业园林景观与休闲、度假、游憩、学习的规模化乡村旅游综合体。通过农业公园的建设，将区域内的农业观光资源最大化，将现代农业与旅游休闲融为一体。其核心是区域的生态平衡性和生态水平，通过土地利用集约化方式，将现代农业与第三产业密切结合，使农业产业结构得到根本上的调整，成为规范化经营的综合现代生态农业公园。

形象定位：“瞻未来农业，创生态农园”。

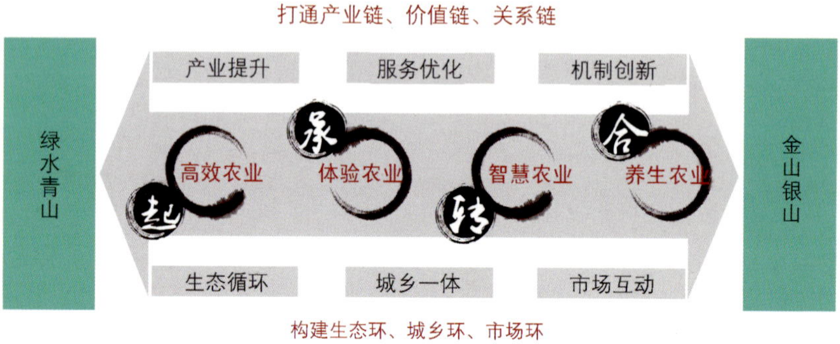

开发策略图解

指导思想：产业提升，机制创新，服务优化，生态循环，市场互动，城乡一体。

规划结构：“一心、多点、三片区”。

“一心”即交通集散中心。项目位于里叶村，建设规模约 20 亩，功能定位是综合接待、休闲餐饮、特色购物、旅游集散。规划思路是充分利用现有地块的区位条件和空间环境，采用当地特色的建筑风格，融入现代元素，与周边环境相协调，打造服务整个规划区，集综合接待、休闲餐饮、特色购物、旅游集散等功能于一体的综合服务中心。其主要设置包括服务大厅、休闲餐馆（主要提供当地特色的餐饮服务）、特产超市和停车场。

“多点”包括世外桃园、生态农耕农场、生态蔬果基地、十里荷香基地、现代蘑菇部落、“药王谷”中草药基地、“花世界”庄园、民宿木屋部落及高级主题酒店、农产品加工及展示展销、矿坑公园和农业 3.0 平台建设。

世外桃园位于陈店村北部与狮子山南部之间的区域，建设规模约 1 000 亩，规划多品种桃树种植、生态观光、文化休闲，与油茶实行套种。

生态农耕农场位于狮子山坡度 25%以下的核心区域，建设规模约 4 000 亩。规划大力实施“山改地”“旱改水”等项目，加快推进有机农产品基地建设，产品包括稻米和蔬菜种植，并适时引进推广农业新品种、新技术以及稻米深加工、净菜加工，开展古代农耕文化、现代农耕技术、传统农耕体验等体验和教育活动。区内建设五彩梯田、稻田画、农耕园、瓜彩世界、农乐园、亲子菜园等。

生态蔬果基地位于月岭水库东侧，建设规模约 1 500 亩，规划根据不同功能，将其划分为精品果园、农夫果园、有机蔬菜 3 块区域。区内建设有精品果园、农夫果园、生态蔬菜园等。

十里荷香基地位置于规划范围东侧，狮山山下水田区域，建设规模约 1 000 亩。基地注重品种选择、有机种植、产业延伸以及基础设施建设，力争将其打造成为杭州市莲花种植示范区、浙江省重要莲子种植基地。结合现有莲子生产，开发衍生产品，引进新技术。

现代蘑菇部落位于双泉村东侧，建设规模约 500 亩。现代蘑菇部落是以食用菌的种植供应及栽培为主要业务的栽培场。植入观光理念，发展为教育型休闲农场，除了生产之外，开放食用菌种植过程供参观，并有相关体验及餐饮服务。这里种植了五颜六色、各种各样的蘑菇，孩子可以亲手体验栽培，了解蘑菇的整个种植和生长过程。现代蘑菇部落包括灵芝馆、蘑菇王国、菇菇小火锅馆、DIY 教室馆、银耳馆、生态馆等，在这里，不仅能看到蘑菇，还能吃到各种蘑菇加工的产品，亲手参与种植。

“药王谷”中草药基地位于狮山水库与月岭水库之间、古道两侧，建设规模约 300 亩。该点建成后，树木苍郁，药草飘香，云雾缭绕，空气清新，悠悠清风中弥漫着淡淡药草灵气，众人都惊喜于能处身于这世外桃源。

“花世界”庄园位于狮子山南部，建设规模约 800 亩，通过对果树、经济类及观赏类花木季节性进行规划种植，为游客提供良好的视觉景观。可结合大地景观艺术，在项目中设置种植各种图样，增加花海的创意性与景观效果。

民宿木屋部落及高级主题酒店位于狮山水库南片、邵山庄、梅塘坞，建设规模约 500 亩。利用现有山地、绿化、水资源、打造仿古民宿；利用当地“诸葛”“鲁”姓文化打造主题特色酒店，提供可供夜宿的农舍或乡村旅店。以时间与空间为线索，以“韵”“歌”“情”“忆”为主题，以独立完整的农业自然景观为依托，将当地特有的文化或民俗风情融入公园中，让游客充分享受浓郁的乡土风情以及别具一格的民间文化和地方风俗。

农产品加工及展示展销位于各种植基地附近，新建高标准农产品加工园区，打造精深加工生产线，开发品质一流、优势明显、市场欢迎的各类农林水生态有机农产品。结合生态旅游，新建农产品展示展销中心，对游客开放，变山水优势为产业优势，变环境优势为发展优势。

矿坑公园位于东南单独区块，建设规模约 1 300 亩，规划盘活项目区内的存量资源，如废弃矿山等，引进先进技术力量和设施设备，重新开发利用，变废为宝，还利于民。

农业 3.0 平台建设位于里叶村，建设规模约 30 亩。农业 3.0 时代是当今世界农业发展的新趋势，其以互联网为媒介，将网络科技深度融于农资流通、农作物种植管理、农产品运输销售等各个环节，实现农业的智能化、精准化、定制化。

“三片区”即现代农业示范区、休闲养生度假区、创意农业体验区。

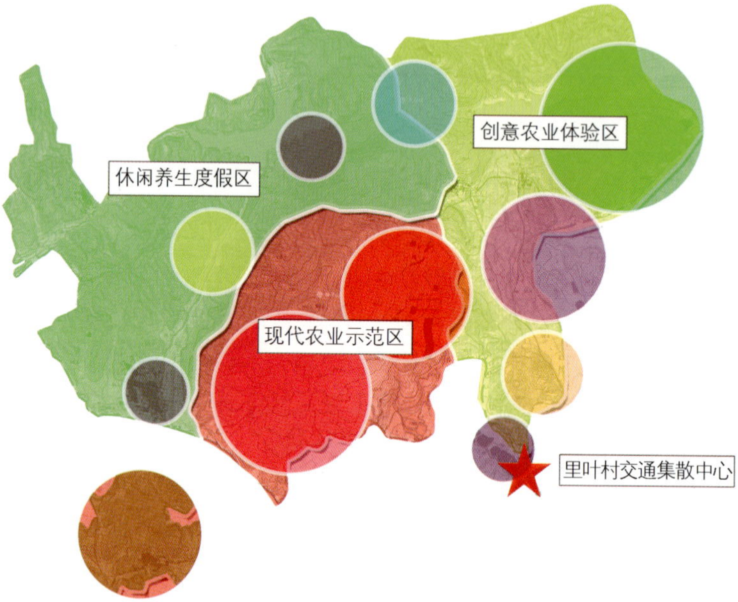

“三片区”

投资分析：项目区建设总投资为 14.2 亿元，其中项目建设投资 11.5 亿元，基础设施投资 2.7 亿元。

建设计划：根据规划导向，考虑项目区实际条件、建设难度等因素，将建设期限划分为一期（2017—2019 年）、二期（2020—2022 年）、三期（2023—2025 年）。

经济效益：预计项目建设后农业总收入 9 100 万元，年均净效益 5 460 万元。

社会效益：项目的实施有利于推进农业供给侧结构性改革，补齐大慈岩农业产业发展短板，加大区域公共品牌推广力度，推进农业产业三产融合；有利于做强做大农业主导优势产业，带动山区经济发展，实现农业增效、农民增收。新品种、新技术、新设施的推广应用不仅可大大改善项目区农业生产条件，提高土地产出率和劳动生产率，还可辐射带动周边区域发展生态农业，对于优化大慈岩农业产业结构、提高农产品品质、提升农业产业核心竞争力具有重要意义。通过一产与三产的联动发展，挖掘现代农业多种功能，促进农村劳动力就地转移，实现农民持续增收、共同富裕。农业公园项目建成后，可增加约1 000人的劳动就业机会，按每人每年工资性收入3万元估计，可增加农民收入3 000万元。依托优美的生态环境、悠久的农耕文化以及丰富的旅游资源，通过农村生态环境整治、特色精品民宿提升、美丽乡村精品村打造、休闲观光农业园建设，发展休闲养生、生态度假、田园观光、赏花采果、农事体验等项目，有利于促进生产、消费、体验互动，实现“三生”有机融合和“三农”统筹发展。

环境效益：通过统一规划、综合治理，重视绿化景观和基础设施的配套建设，不仅能美化田园、优化环境，还提高了农田抵御自然灾害的能力。通过大力推行绿色标准化生产，合理施用化肥、农药，提倡施用有机复合肥和生物农药，减少农业生产对生态环境的污染，特别是农作物间套作、生草覆盖、绿色防控等技术的推广，有利于合理利用农业自然资源，改善农业生态环境和生产条件，推进农业可持续发展。通过采用粮菜高效轮作、稻鱼共生、果禽立体种养等多种立体生态循环农业模式，实现多产业融合、协调发展、循环利用，既促进农业废弃物的资源化利用，又提高农产品品质。

义乌市场集团·浙八味本草园概念性规划方案

本项目是由义乌市市场发展集团有限公司联合浙八味中药产业发展有限公司共同打造的田园综合体。

规划年限：规划基准年为2017年，规划年限3年，即2018—2021年。

本项目行政范围位于义乌市后宅街道管辖区，地理区位位于义乌市中心城区的北侧边界，沪昆高速和疏港高速交叉口东侧；交通便利，可以快速接入沪昆高速，向北前往杭州、上海等长三角核心城市，向南前往金华；距离义乌火车站3千米，车程10分钟，距离义乌机场7千米，车程15分钟。基地被疏港高速横穿，切分成南北片区；北地块被沪昆铁路切分成东西片区。沿疏港高速两侧各留50米宽绿化带，总规划面积6 000亩，分三期建设，一期规划面积约为1 800亩，二期规划面积达2 000亩，三期规划面积2 200亩。

浙江是中药材资源大省，也是全国道地中药材重点产区，道地药材很多，其中以“浙八味”最为有名，其主产区集中在浙东沿海和大金华地区。“浙八味”实际上是指杭白菊、杭麦冬、浙贝母、白术、浙玄参、延胡索、白芍、温郁金这八味中药材，由于质量好、应用范围广及疗效佳而为历代医家所推崇，

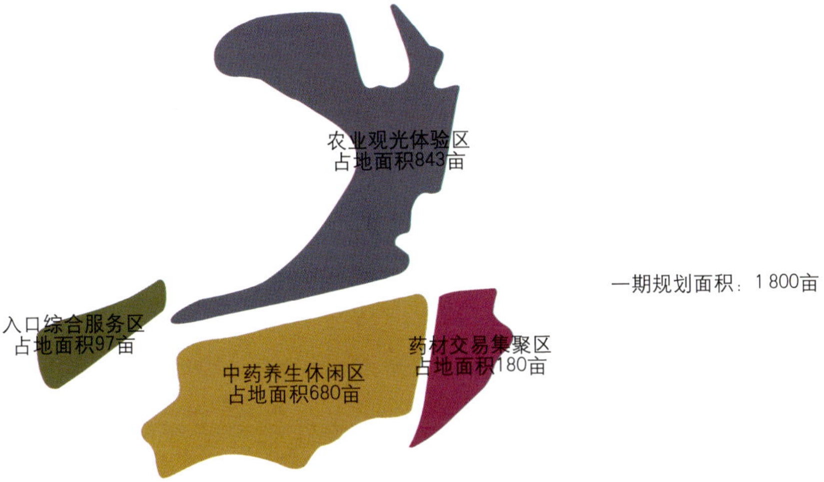

本草园功能分区

在国内外享有盛誉。"浙八味"中药不仅具有药用价值，其花景也具有观赏价值。本项目展示及生产的有机农产品可以展示现代农业科技成果，具有典型性、示范性和可复制性意义。

规划原则：①因地制宜原则——充分考虑其区位条件，利用场地的自然条件，突出场地的个性特征，并结合当地的农业资源和文化资源，突出生态园的乡土性、知识性、参与性特点；②可持续性原则——坚持农业旅游与生态旅游、文化旅游相结合，与环境、资源保护并重，强调经济、社会、环境、效益的统一；③以人为本原则——充分考虑园区的开发度，以人为本，尊重自然，同时强调活动项目的可参与性，创造一个既具有生态环境保护和景观美化功能，又能为游人提供休息、娱乐的舒适环境，满足人们回归自然的渴望；④特色鲜明原则——结合当地的文化资源和产业资源，开发本生态园的特色活动项目，通过历史文脉的延续和景观的再创造强调其乡土性、趣味性、艺术性；⑤生产性、参与性与观赏性相结合原则——合理利用土地资源，发展高质量的农业生产，以此带动旅游、农产品等行业发展，提高生态农业观光园的经济效益。

发展战略：①做好"浙八味"中药的文章，打造"产养研"特色度假基地——利用名贵中药本身的经济价值、药用价值，结合中医理疗等技术，塑造"产业观光体验、养生疗养服务、研发制药"三合一特色度假基地的名片；②城旅一体化，打造生态旅游综合功能区——在城市空间和旅游空间联合上，本规划区与义乌中心城区形成对接，以旅游带动人气，将义乌及周边城市居民作为重要客源市场，打造“主客共享”的生态旅游综合功能区；③针对不同游客提供不同层次的需求，打造高中低三端产品——大众旅游的兴起使度假旅游市场不再局限于富裕阶层，针对不同的游客提供不同层次的需求才是旅游度假区的生存之道；④文化铸魂，打造多元度假生活方式——打造极具地域文化魅力且多元的度假生活方式，做好花海文化、中药文化、乡村文化、田园文化、养生文化等文化的融入，打造具有独特文化特色的旅游度假目的地。

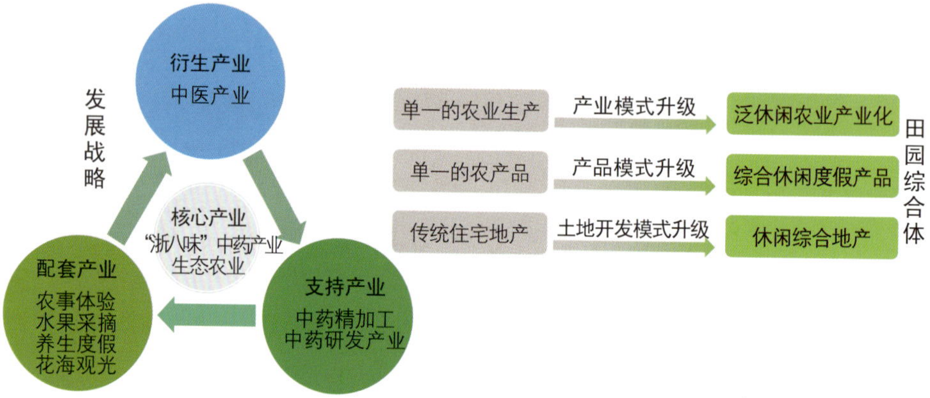

本草园发展战略示意图

规划定位：以“一带一路”方针政策为指导，以农业产业科技为引领，着重发展以“浙八味”中草药为标志的农业产业，逐步带动农业科普、农业推广、休闲农业观光旅游及亲子农事体验等文化产业的发展。着力打造以中药种植产业为特色的华东地区知名田园综合体，“一带一路”沿线国家农业示范集成平台，集科技引领、农耕文化、亲子教育观光休闲于一体的“浙八味”中草药交流研发基地。

景观结构：“两心·两轴·四区·多节点”。“两心”即园区南侧的中药材交易中心以及园区西侧的游客服务中心。“两轴”即两条景观游览主轴，其贯通基地北部、中部及南部，将割裂的场地有机联系起来，并串联了各个景观节点。“四区”即中药养生休闲区、农业观光体验区、入口综合服务区、药材交易集聚区。“多节点”即依托种植农业、鱼塘、果林等不同基底资源和区位优势设置多处景观节点和各类游览景点。

投资估算：“浙八味”本草园总规划面积 6 000 亩，总投资约 13.5 亿元。一期规划用地 1 800 亩，投资约 9.5 亿元；二期规划用地 2 000 亩，主要以种植项目为主，投资约 1.5 亿元；三期规划用地 2 200 亩，主要为山林项目，投资额 2.5 亿元。投资估算主要包括旅游活动设施、旅游基础设施、土地征用/

租赁费、项目的其他费用、基本预备费五部分。

游客量测算：根据《风景区设计规范》，使用线性法估算游人容量，游人人均占有道路面积取 10 米^2/人，浙八味・义乌本草园项目道路总面积为 428 322 米^2，因此可容纳 42 832 人；人均占有水面面积取 2 000 米^2/人，水面总面积为 190 741 米^2，故可容纳 95 人。两者相加得到园区的高峰瞬时游人容量，约为 42 927 人。园区一天周转约为 2 次，故高峰日游人量为 85 854 人。平日合理游人量取高峰日游人量的 1/3，约为 14 309 人。按每年 330 天可游览天数计，园区年容量约为 4 721 970 人。

经济效益：发展药材生产可为发展义乌经济、开展多种经营、带动周边农户和改变农村发展面貌做出贡献，同时保证制药企业原料的供应。通过产业融合发展，在增加农民就业岗位的同时，增加农民受益渠道，进一步提升农民收入水平。年均净收益约为 3 025 万元。

社会效益：义乌“一带一路”现代农业技术转移示范平台将整合区域发展优势、发挥农业引领作用、具备科技示范功能，扎实起步、互促交流、利益协调、开放共享、放眼国际。同时，围绕国家重点产业发展部署，联合上下游企业和科研院所，跨区域打造产业技术体系创新链，强化辐射区域和同质企业的科技成果应用，实现“科技联盟‘带’际共享”。

生态效益：本项目因地制宜，坚持可持续性原则、以人为本原则、特色鲜明原则以及生产性、参与性与观赏性相结合的原则，打造“浙八味”中草药交流研发基地、“产养研”特色度假基地、生态旅游综合功能区、高中低三端产品、多元度假生活方式，具有极大的生态效益。

衢州市开化县池淮镇无花果基地规划设计

本项目行政范围位于浙江西部衢州市开化县池淮镇，地理区位位于开化县中心城区的西南侧边界、开化县池淮收费站（星下线西）附近。基地交通便利，可以快速接入星下线高速，向东南前往杭州、上海等长三角核心城市，向东前往金华。本项目原为无花果种植基地，场地内基础设施较为完善，无花果特色产业突出，种植的水果以无花果和葡萄为主，设施栽培技术较为完善，园内也有较大面积的蔬菜种植，技术较为全面，充分展示了现代农业科技成果，体现出典型性、示范性和可复制性。

总体定位：围绕无花果种植园这一核心功能，布局花海观光、农事体验、水果采摘、垂钓游河等服务功能，形成种、养、游、观、吃、钓一体的田园综合体。

总体目标：一是做好特色无花果种植基地。以智慧农业、循环工业、有机农业的理念，采用先进的种植技术、高科技培育设备、高素质管理人员、最新的无花果品种，科学化、规范化地做大做强无花果特色产业，大力开展无花果产业的衍生，引进食用菌种植技术，加长产业链，根据无花果的特性，研发新的加工方法，拓展无花果的功能等。二是城旅一体化，打造生态旅游综合功能区。在城市空间和旅游空间联合上，本规划区与开化城区形成对接，以旅游带动人气，将开化及周边城市的都市居民作为重要客源市场，打造“主客共享”的生态旅游综合功能区。

总体布局：“一心·四片区”。

“一心”即以4个阳光房为一个整体，集接待、展示、餐饮等多功能为一体的游客接待中心。“四片区”即以大棚种植为主的温室种养区、以观赏性景观为主的路口景观区、以儿童游玩和文艺表演为主的儿童游乐区、以蔬菜露天种植为主的蔬菜种植区。

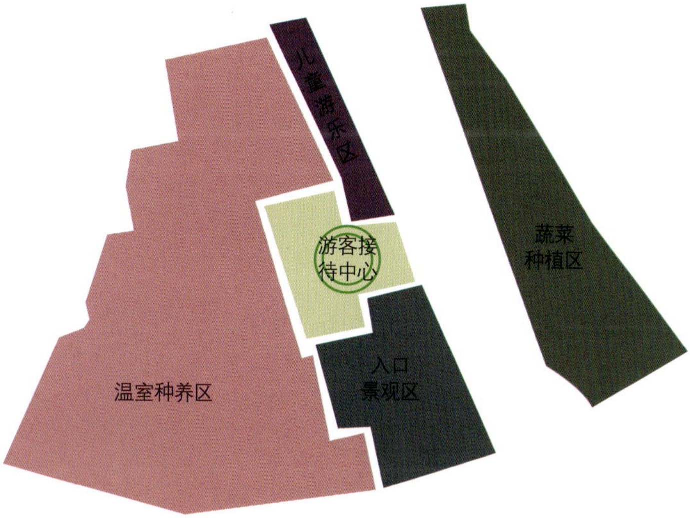

池淮镇无花果基地功能分区

投资估算：见下表。

投资估算表

序号	项目名称	项目内容	投资金额（万）
1	入口门楼	入口标志性的门楼	10
2	生态停车场	生态停车场建设以及周边环境改善	50
3	温室大棚	种植大棚建设，监控设备及品种引进	1 500
4	食用菌大棚	大棚建设，菌种引进	400
5	蓄水池	蓄水池挖掘以及周边花镜营造	45
6	八卦种植	八卦图案设计打造	10

（续）

序号	项目名称	项目内容	投资金额（万）
7	阳光房	阳光房建设，内部展厅，餐馆建设，种植规划等	1 200
8	土灶大棚	大棚建设，土灶餐桌购置	300
9	儿童游乐区	露天舞台建设，休息区建设，儿童游乐设施购置	100
10	观赏平台	木平台建设，亭廊及木索桥修建	200
11	沙滩	沙滩建造，护栏设置	20
12	彩色地景	地景设计种植	40
13	水车	观赏水车购置，抽水房建造	30
14	空中木栈道	空中观赏木平台建设，景观休息亭打造	160
15	基础项目	园区道路修建，绿化改造，场地平整，挡水墙修建，地音响等	1 500
总计			5 565

经济效益：无花果作为深受人们喜爱的水果，市场十分广泛，且经济效益在同季节水果中具有较大优势。在园区内开展多种经营，通过示范种植带动周边农户，为改变农村发展面貌做出贡献，同时保证市场无花果产品的供应。通过产业融合发展，在增加农民就业岗位的同时，增加农民受益渠道，进一步提升农民收入水平。

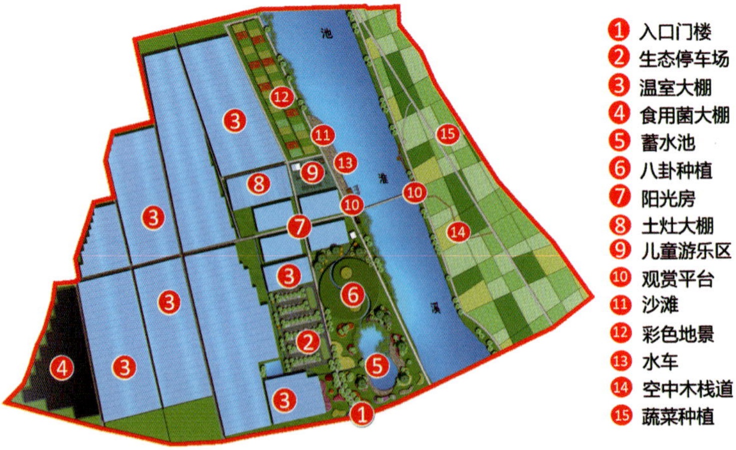

池淮镇无花果基地总平面图

社会效益：园区围绕无花果种植园这一核心功能，布局花海观光、农事体验、水果采摘等服务功能，形成种、养、游、观、吃、钓一体的田园综合体。每年推广新品种，实现良种覆盖率100%，开展农民技术培训，发挥园区对农民的教育、培训和示范带动作用，提高农民技能，提升农民素质，培养造就一支有文化、懂技术、会经营的新型农民队伍。

生态效益：本项目生态效应显著。围绕无花果种植园这一核心功能，以智慧农业、循环工业、有机农业的理念，打造“主客共享”的生态旅游综合功能区。

径山小古城村国际
农博馆策划方案

博物馆是征集、典藏、陈列和研究代表自然、科技与人类文化遗产实物的场所，是为公众提供知识、教育和欣赏的文化教育机构、建筑物、地点或者社会公共机构，具有展示功能、学习功能和娱乐功能。农业博物馆是对农业相关的历史文物、农耕文化、农耕技术、作物品种等进行展示，运用大量现代高科技技术，集历史、科普、互动、体验于一体，让人们更多地了解农耕历史及农业发展。

小古城村南临北苕溪和径山镇区，西靠双溪竹海漂流风景区，杭长高速、015 省道、潘双乡道均穿境而过，距离杭州市中心 30 千米，拥有良好的交通区位。小古城村用地性质以基本农田、园地、林地为主，满足农作物与经济树种的种植需求；按照 0.07 的容积率计算，当地约有建设用地 30 亩，符合农博馆建筑需求。

总体定位：国际农博馆以世界农业科普展示、现代农业技术推广、创意农业研学教育为主题，做大做强农业展览、技术示范项目，实现参观、体验、教育、示范等多种功能的融合，创建成为国际农业缩影、中国乡村振兴先驱、长三角现代农业示范、浙江乡村新地标。

规划期 5 年（2018—2022 年），分两期完成。前期为 2018—2020 年；后期为 2020—2022 年；2022 年以后为远景。规划建设项目基本在前期完成，后期主要工作是服务管理体系的健全、生态环境进一步优化以及设施设备的维护与改进。因此，国际农博馆开发建设项目投资主要集中在前期；后期是经营管理费用，通过收取门票、农产品销售、体验项目收费等方式，实现自给自足的可持续发展。

发展目标：集聚全球范围种植经验，浓缩世界农业文化底蕴，具备生产展示功能的全地域国际农博馆；提倡高新技术指导，利用世界现代化科学生产力量，具备示范推广作用的高科技国际农博馆；实现一二三产业深度融合，推进我国研学教育事业发展，兼备农事体验、农田景观、农业科普功能的创意型国际农博馆；满足多元化需求的公益项目、具有广泛的社会效益、影响浙江农业的高水准项目；具备深层次建设内容、体现现代农业理念、聚焦现代高产技术、开展现代技术交流的平台。

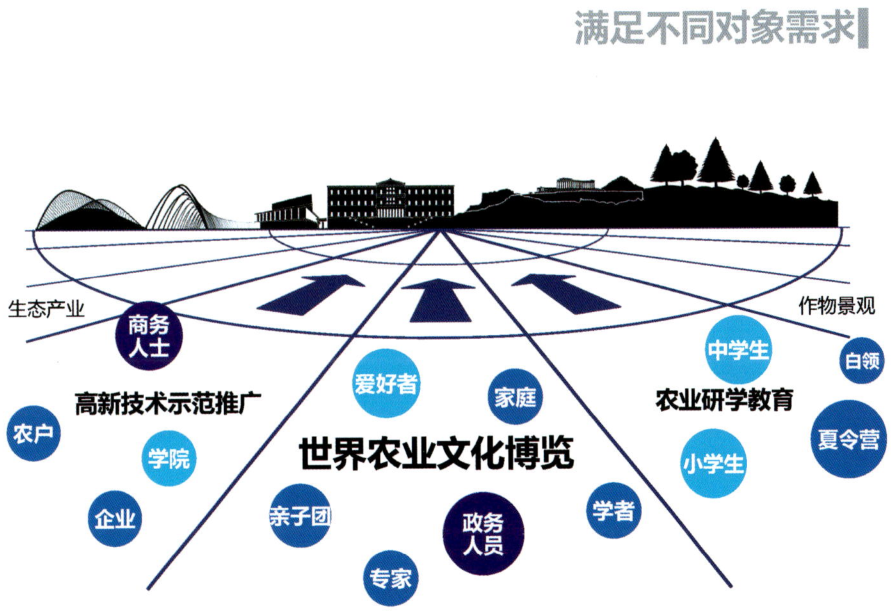

小古城村国际农博馆目标构思

室内设计：国际农博馆中心。

国际农博馆中心是全球农业文化全方位展示的平台，从时间上和空间上对不同地域的农业文化进行梳理，通过实物陈列、视频播放、互动体验、投影、

VR等方式进行展示。其核心元素有现代农业、文化展示、体验互动、技术推广、农业溯源、技术培训；具体内容有世界农业文化遗产展、典型外国农业模式展、农业历史人物及著作展、农耕工具展、粮食作物展、经济作物展、饲料及绿肥作物展、药用作物展、现代农业特征及主要类型展、现代农业高新技术展、未来农业发展趋势展、“一带一路”农业专题展、浙江专题展、余杭专题展、茶文化专题展、竹文化专题展、水稻文化专题展等。

世界农业文化遗产展包括秘鲁安第斯高原农业系统、突尼斯加夫萨绿洲农业系统、坦桑尼亚家庭菜园农林复合系统、中国浙江湖州桑基鱼塘系统、中国江苏兴化垛田传统农业系统等。

典型外国农业模式展包括美国现代化农业、法国剩余型外向型农业、德国农业人才培养—现代农业—生物多样性的模式、澳大利亚混合农业方式、荷兰以畜牧业和花卉业为核心产业的高技术含量农业等。

农业历史人物及著作展包括关于农业的神话传说、关于农业的历史著作等。

农耕工具展包括石器时代原始农业以木、骨、石为制作材料的农具，奴隶社会时期的青铜农具，封建社会时期铁制工具的发展对封建社会农业发展的重要意义，现代社会机械逐步代替人类传统农耕农具等。

粮食作物展包括水稻、玉米、豆类、薯类、青稞、蚕豆、小麦等。

经济作物展包括油料作物、糖料作物、纤维作物等。

饲料及绿肥作物展包括提供作物肥源和培肥土壤的作物，以豆科作物为主。

药用作物展包括“浙八味”等道地药材。

现代农业特征及主要类型展包括现代农业在现代工业和现代科学技术基础上发展出的丰富的农业类型及衍生理论。

现代农业高新技术展包括细胞培养技术、基因技术、酶技术、发酵技术、农业信息技术、核农技术、设施农业技术。

未来农业发展趋势展包括海洋农业、太空农业等。

“一带一路”农业专题展包括“一带一路”国家及地区的农业概况、“一带一路”战略的实施对周边国家农业发展的影响、“一带一路”战略取得的农业成果等。

浙江专题展包括乡村振兴、“鱼米之乡”、100多处新石器遗址等。

余杭专题展以粮、菜、花、茶四大产业为主。

茶文化专题展和竹文化专题展以茶、竹文化为核心，展示当地特色农业专题内容。

水稻文化专题展对水稻文化进行研究整理，打造相关展示内容。

室外规划建设油橄榄种植区、生态种养示范区、立体农业种养示范区、金色池塘混养示范区等。

油橄榄种植区是国际农博馆的核心生产示范基地，以优质油橄榄引种项目为核心，打造高产量的农业示范田。其核心元素有油料生产、林下经济、茶田樱花、果树采摘。

生态种养示范区以循环农业、绿色农业、创意农业为核心，强调农田共作系统，以水稻田为载体，植入稻虾、稻鱼以及大地景观元素。其核心元素有农业共养、大地景观、作物迷宫、农事体验。

立体农业种养示范区开展立体种养，在林木、果树下栽培其他农作物。

金色池塘混养示范区以现代立体水产养殖技术为核心，采用多种鱼混养模式，形成多食物链、多营养层的立体鱼塘养殖体系。同时结合池塘周边浅滩，打造具备生态净化功能的人工湿地，实现无公害水产养殖。其核心元素有生态垂钓、鱼菜共作、人工湿地、鱼类混养。

本案还对建筑、公共标识系统、三产联动、市场开发、农业产业发展、合作经营等做了规划设计。

投资估算：经估算，国际农博馆建设总投资约2.686亿元。

经济效益：国际农博馆全面推进地区农业发展，建立健全农产业链，大力拓展现代农业的多种功能，打造以“农业文化参观＋农事体验”“农业技术推广＋农民培训”“农业种植＋农业观光”“农田种植＋研学教育”为特色的经营方式，实现自给自足的可持续发展模式。培养新型农民，发展农业，保持农产品供给；提高农业产业化，发展农村经济，增加农民收入。国际农博馆每年营业利润约2 107万元，带动周边住宿、餐饮、礼品消费1亿元以上。

社会效益：弘扬农耕文化，促进社会和谐；提供研学基地，满足社会需求；培养农村能力，增加村民收益。

生态效益：国际农博馆通过农田保护、资源利用、服务设施、经营管理体制等综合建设，开展生态型农业展览，弘扬生态文化，协调园区农业开发与生态环境保护之间的关系，形成相互促进的良性循环，有利于建设小古城村生态屏障。保护生物多样性，维护生态平衡，提高农田生态质量，多维度体现项目生态性；全面提高原有农田的生态质量，提高农田的健康水平，形成完整的农田生态系统；利于保护地带性森林生态系统，完善园区及周边地区的自然生态系统及自然生态过程。

嘉佑田园共同体
农业总体规划

嘉佑田园共同体位于嘉兴市嘉善县干窑镇西半部，洪三线、干洪线、干南线和申嘉湖高速公路穿过。嘉善县位于浙江省嘉兴市东北部、江浙沪两省一市交汇处，东邻上海市青浦、金山两区，南连平湖市、嘉兴市南湖区，西接嘉兴市秀洲区，北靠江苏省苏州市吴江区和上海市青浦区。干窑镇与上海、杭州、苏州各相距 100 千米左右，距 320 国道、沪杭铁路、沪杭甬高速公路约 4 千米。杭申甲级航道、善江公路、善西公路、干洪公路穿过全境，镇村公路可通达各村委会驻地和自然村，交通便捷。

规划范围：项目村域范围以长丰、长生、新星三个村为主要区域，三村村域面积共 13 210 亩。

规划期限：2018—2028 年（部分复垦地未满三年，此规划为长期种植规划）。一期工程为长丰村种植规划；二期工程为长生村和新星村的种养规划。

规划定位：精农业、慢旅游、静生活。打造集高新技术引领、绿色高效种养、农旅有机融合的现代农业田园共同体。融合“三农”、带动三产、营造三生、集合三创，实现“产业园、创意园、科技园”的可持续发展。

规划愿景：多彩田园（春华秋实，花果飘香）、丰产田园（粮蔬果渔，产业兴旺）、科教田园（休闲观赏，体验学习）。

规划原则：因地制宜，科技引领，品牌特色。

规划策略：引入现代化农业种养模式，塑造优质化企业品牌，发展多元化农业格局，营造多彩化农田景观。

功能分区：根据本项目现状情况合理规划，将该项目分为5个功能区块，分别是农旅休闲体验区、田园农业观光区、精品果蔬产业区、综合种养示范区、粮经高效种植区。

（1）农旅休闲体验区。该功能区块以农业旅游体验为主，重点打造瓜果飘香项目。科学规划农业产业，将该区块定位为农旅休闲体验区，大力发展以桃、柿子、蓝莓、草莓、西瓜等水果为主的果蔬采摘体验、观光体验农旅休闲项目。具体包括：①瓜果飘香——“草莓+西瓜”轮作；②瓜果飘香——柿子；③瓜果飘香——桃；④瓜果飘香——蓝莓；⑤农耕文化体验园。

（2）田园农业观光区。该功能区块以农业旅游观光为主，打造金色田园、花林探幽、荷塘月色、水岸桃源、现代菜室等项目。区块内大部分为基本农田，有部分一般农田，农业种植以优质水稻为主，精品苗木、油菜、蔬菜为辅，另设有番茄、萝卜等蔬菜采摘园，水塘中种植荷花等景观水生植物。该区块旨在打造一个集生产、观景、体验为主的田园农业观光区，具体包括：①金色田园——“水稻+其他作物”轮作，玉米；②花林探幽——苗圃、花田；③荷塘月色；④现代菜室——蔬菜；⑤水岸桃源。

（3）精品果蔬产业区。该功能区块以基本农田为主，粮食生产功能区占比较大。结合用地性质和粮食生产功能区布局，科学规划农业产业，合理布局农业种植，打造农夫果园、青青菜园、设施瓜果、粮蔬园地等项目。除

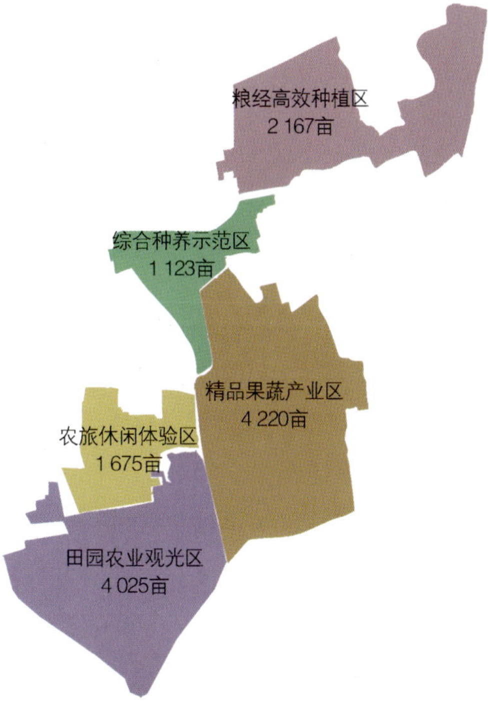

嘉佑田园共同体功能分区

种植水稻之外，大力发展果蔬产业，如水蜜桃、葡萄等水果，甜瓜、番茄等瓜果，鲜食大豆、迷你甘薯等蔬菜。具体包括：①粮蔬园地——以“鲜食大豆+水稻”轮作为例；②农夫果园；③青青菜园——迷你甘薯—蔬菜；④设施瓜果——大棚甜瓜及番茄。

（4）综合种养示范区。该功能区块以基本农田为主，大部分为粮食生产功能区，定位为种植和养殖相结合的综合种养示范区。借助场地丰富的水资源打造稻香鱼跃项目，利用草料种植和牲畜（羊）放养相结合打造可持续的生态牧场，发展循环经济。具体包括：①生态牧场；②稻香鱼跃——稻鱼共生；③稻香鱼跃——鱼菜共生。

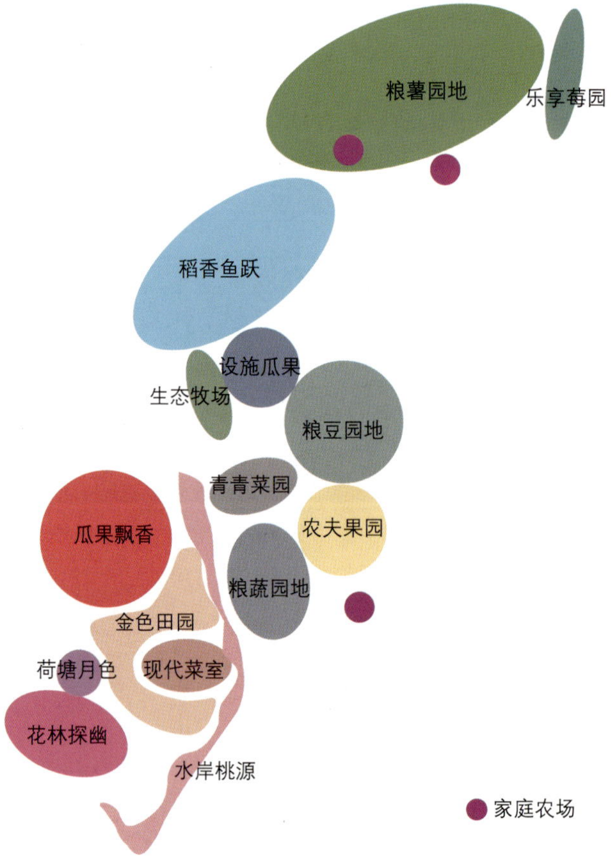

嘉佑田园共同体农业项目布局

（5）粮经高效种植区。该地块主要为粮食生产功能区，部分为新增一般农田，以粮经结合、水旱轮作为主，经济水果种植为辅，粮食生产功能区发展马铃薯和水稻轮作模式，一般农田发展大棚多季经济水果（草莓），组成粮食作物和经济作物高效种植区块。具体包括：①粮薯园地——马铃薯—水稻轮作；②乐享莓园——大棚草莓；③家庭农场。

效益分析（家庭农场以每亩 1 000 元认租）

分区	农旅项目	种植项目	规模（亩）	产出（千克/亩）	单价（元/千克）	效益（万元）
农旅休闲体验区	瓜果飘香	桃园	347	1 500	8	416.4
		柿子园	251	2 300	5	288.6
		草莓＋西瓜	197	2 000＋2 000	14＋4	709.2
		蓝莓	48	500	50	120
田园农业观光区	金色田园	水稻＋油菜	1 697	650＋150	2.5＋5	403
		水稻＋紫云英	502	650	2.5	81.6
		玉米	130	1 000	5	65
	花林探幽	苗圃	332			
	现代菜室	蔬菜	269	3 500	2	188.3
	水岸桃源	桃园	444	1 500	8	532.8
精品果蔬产业区	粮豆园地	水稻＋蔬菜（以鲜食大豆为例）	1993	650＋600	2.5＋3	682.6
	青青菜园	迷你甘薯＋迷你甘薯＋蔬菜（以长梗白菜为例）	281	15 000＋3 500	5＋1	2 205.8
	农夫果园	桃园	201	1 500	8	241.2
		葡萄园	60	2000	5	60
	设施瓜果	大棚甜瓜＋番茄	455	2 500＋6 500	3＋3	1 228.5
	家庭农场	家庭园艺	286			28.6
综合种养示范区	生态牧场	羊＋草料	168	25 000＋650		704.0
	稻香鱼跃	稻鱼共生	870	400＋50	2.5＋12	139.2
		菜鱼共生（空心菜）	92	2 400＋1 000	2＋12	154.2
粮经高效种植区	粮薯园地	水稻＋马铃薯	2 335	650＋3 500	2.5＋1	1 196.6
	乐享莓园	大棚草莓	85	3 000	14	357
	家庭农场	家庭园艺	241			24.1
		合计				9 826.7

本案还提供了高效轮作技术、生态养殖技术、果树种植技术、绿色防控技术、循环利用技术、院地合作技术索引等现代农业技术，对设施用地专项、道路绿化专项、农田围栏专项等做了专项规划设计，推荐了粮油作物品种、蔬菜品种、水果品种、绿肥及饲料作物品种、花卉品种、畜禽品种、淡水养殖品种等优良品种。

中国铁皮石斛地理公园概念性规划方案
“一带一路”沿线国家农业示范集成平台

“一带一路”是“丝绸之路经济带”和“21 世纪海上丝绸之路”的简称，反映了我国对推动共建丝绸之路经济带和 21 世纪海上丝绸之路的愿景与行动。作为“一带一路”战略支点城市之一，义乌市在金融、科技、物流、创新创业等领域有扎实的基础，且义乌已在农业科技创新与推广方面步入“合纵连横”的新时期，亟待利用区位优势，推动农业产业转型升级、厚植农业协同发展新区，在“一带一路”战略方针引领下实现农业科技资源的输入、输出和转化。

铁皮石斛和观光农业产业是义乌“十三五”战略的重点，也是特色优势产业持续发展的主要目标。预期到 2020 年，全市铁皮石斛种植面积达到 5 000 亩，建成 5 个精品村，打造 4 条农业休闲观光线。引导已建的 2 个现代农业综合区、8 个特色农业精品园利用自然环境、田园景观、农业经营和农耕文化等资源，为城市居民提供观光、采摘、休闲、体验农业等旅游活动，大力发展现代休闲观光农业。

项目位于金华义乌义亭镇北的新西村边上，占地面积 660 亩。义亭镇位于义乌市西南部，是义乌西部政治、经济和文化中心，且周围机场、高铁、公路等公共交通齐全。义亭镇区辖义亭、王阡、畈田朱、杭畴4个工作片，65个行政村，共2万多户，总人口5.23万人，辖区面积54千米²，是浙江省教育强镇和卫生强镇，金华市中心镇和文明镇。随着义乌市“海外合作计划”的顺利推进，义亭镇作为传统农业强镇，应当引领现代农业产业走向国际交流与合作之路。

中国铁皮石斛地理公园规划平面图

规划思路：义乌现代农业发展要坚持以率先基本实现农业现代化为目标，以农业多功能化拓展为基础，以农业园区化建设为载体，以农业品牌化发展为支撑，突出新型农民创业创新创富，突出都市型高效生态农业的发展目标定位。示范区以铁皮石斛为特色，通过现代种植科技和工艺，驯化传统中草药，实现规模化、标准化种植；通过核心项目带动和企业品牌化效应，建立集引种、驯化、种植、采收、加工、科普、观光、亲子农事教育等功能于一体的健康产业发展体系，为义乌农林产业经济培育新的增长点。

规划目标： 到 2019 年年底，中国铁皮石斛地理公园、国家农业示范集成平台基本形成。每年开展农业科技展销、农业推广活动、健康养生文旅活动、亲子农事体验等活动，提升企业品牌形象，总体实现产业集聚能力、社会经济和品牌价值更加突出。

总体定位： 以“一带一路”方针政策为指导，以农业产业科技为引领，着重发展以铁皮石斛为标志的农业产业，逐步带动农业科普、农业推广、休闲农业观光旅游及亲子农事体验等文化产业的发展。区域内体现尊重生命与自然、追求卓越与和谐的森宇精神，着力打造中国铁皮石斛标志性地理公园，“一带一路”沿线国家农业示范集成平台和集铁皮石斛研发推广平台、农产品科技引领、农耕文化、亲子农事体验及观光休闲为一体的具有地标性的中国铁皮石斛地理公园。

定位目标： ①多功能组合，集现代科技于一身。汇集现代科技，对原有技术进行更深入的研究，通过多功能组合，将科技展示园打造成集科技推广、休闲体验、科普等多元素的综合性示范园。②促进产业结构调整，打造农业硅谷。建设铁皮石斛示范园可以促进铁皮石斛的市场营销，加大对特色农业品种的研究，提高义乌市的农业科技水平，优化农业产业结构。③推进新兴产业发展。农业示范园是培育中药材产业和农业供给侧改革中的重要科技支撑，通过项目建设带动引领全县农业产业的转型升级，满足农民致富需求，实现农民持续增收。

目标期限： 一期（2017.3—2017.12）——对项目区域前期的土地整合、公共配套设施的提升以及森山庄园等项目进行建设开发；二期（2018.1—2018.8）——集中打造“一带一路”农业科普中心、推广中心、铁皮石斛繁育中心以及中国石斛博览中心等重点项目；全面展开中国铁皮石斛地理公园的建设开发；三期（2018.9—2019.6）——通过区域内科研发展及农业科普推广的大力开发，逐步带动亲子农事体验项目以及休闲农业观光旅游的项目建成；四期（2019.7—2019.12）——全面完成中国铁皮石斛地理公园的全部建设，对完成的项目进行验收并试运营。

开发策略：“四个亮点”——院企合作、产业融合，创新科技、功能组合，高新技术、循环农业，亲子教育、农事体验；“五大功能”——铁皮石斛种植示范、铁皮石斛科研研发、铁皮石斛体验交流平台、亲子农事体验园、农业观光休闲园。

功能分区： 入口综合服务区、科普推广博览区、品种繁育研发区、湿地亲子拓展区、农业观光体验区。

入口综合服务区主要由入口广场和森山庄园构成，是展示公园整体形象的重要窗口和游客的主要集散中心。其设计在结构上成中轴对称，入口广场以软质铺装为主，结合“未来树”和疏林草地形成特色，广场的尽头是喷泉水池和森山庄园，主要承担园区管理、游客集散、功能解说、旅游购物、信息交流、安全救援、物流集散等功能。其包含项目有森山庄园，面积为10 000米^2，主要项目有森山庄园、大地艺术景观等。

科普推广博览区以展示创意农业、循环农业为主题，区域包含森山农业科学院、中国石斛博览中心、“一带一路”农业科普中心等项目。博览区以高科技技术为手段，以生态、创意、可持续发展为理念，结合铁皮石斛产业，形成集铁皮石斛文化科普与推广、产品展示与销售、新产品加工与研发于一体的现代化农业科技展示平台。其主要项目有“一带一路”农业科普中心、“一带一路”农业推广中心、百花园、中国石斛博览中心、百竹园、森山农业科学院等。

中国铁皮石斛地理公园功能分区

品种繁育研发区主要分为良种繁育区、新品种引种和研发区两个区块，包括实验室、组培温室、炼苗室、办公用房等。该区域主要承担良种繁育和新品种的研发工作，通过选取具有目标性状的相应亲本，有计划地进行杂交育种工作，并在其后代中选取符合设计目标的新植株，通过组培技术对植株进行扩繁，从而形成新的品种。其主要项目有办公用房、森山成长乐园、炼苗室、繁育中心等。

湿地亲子拓展区以营造人工湿地为主，融入采莲、抓泥鳅、钓龙虾、秋收割水稻、种植蔬菜瓜果等农事体验活动，满足亲子活动的需求。该区域力图在城市中营造出一种农村生活的氛围，让中国的下一代不再是单纯地玩滑梯、电子产品、玩具等，而是走到大自然中学习与成长，同时还能兼顾城市的生态保护和农产品的生产需求。其主要项目有泥鳅王子、田螺公主、渔夫的故事、水车等。

农业观光体验区主要以营造可食性大地景观和水果采摘为主体，一方面通过营造震撼的大地景观为游客提供较好的摄影场地，另一方面通过水果采摘活动为游客提供切实的体验项目，自己采摘的水果也可作为礼品送给亲朋好友。其主要项目有百草园、百果园、百树林等。

本案还对道路及景观小品做了规划设计；对交通、夜景、标识设施、科普教育、亲子活动、围墙栏杆、玻璃温室技术、沟渠、种植、服务设施等做了专项规划设计。

投资估算：项目区建设总投资为 4.12 亿元，其中项目建设投资 3.82 亿元，基础设施投资 0.3 亿元。

经济效益：年均总收益约 1 287.5 万元。

社会效益：产业联盟区域部署，发挥“一带一路”辐射作用；农业科技成果国际化交流，增进和平友谊与共同繁荣。

生态效益：本项目以生态保护为前提进行开发，将铁皮石斛和观光农业产业结合起来，利用自然环境、田园景观、农业经营和农耕文化等资源，为城市居民提供观光、采摘、休闲、体验农业的旅游活动，大力发展现代休闲观光农业。区域内体现尊重生命与自然、追求卓越与和谐的森宇精神，保证项目的生态平衡和生态系统的良性高效循环，实现特色优势产业持续发展的主要目标。

森山水世界鸟瞰图

图书在版编目（CIP）数据

浙江农业农村规划设计摘要汇编：2016—2018年 / 赖齐贤，刘雷主编．—北京：中国农业出版社，2019.10

ISBN 978-7-109-25871-6

Ⅰ．①浙… Ⅱ．①赖… ②刘… Ⅲ．①农业发展规划-浙江-2016—2018-文集②农村经济发展-经济规划-浙江-2016—2018-文集 Ⅳ．①F327.55-53

中国版本图书馆CIP数据核字（2019）第200343号

中国农业出版社出版

地址：北京市朝阳区麦子店街18号楼

邮编：100125

责任编辑：魏兆猛　张洪光　　文字编辑：刘昊阳

版式设计：王　晨　　责任校对：沙凯霖

印刷：中农印务有限公司

版次：2019年10月第1版

印次：2019年10月北京第1次印刷

发行：新华书店北京发行所

开本：700mm×1000mm　1/16

印张：13.25

字数：240千字

定价：98.00元
